맨프레드 케츠 드 브리스의

리더의 마음

일러두기

이 책에서 사용된 '광대(fool)'라는 단어는 일반적인 의미인 어수룩한 사람을 뜻하는 것이 아니라 왕과 같은 절대권력 앞에서도 진실을 말할 수 있는 사람을 의미한다. 또 '사기꾼(imposter)'이라는 단어는 "다른 사람의 행세를 하는" 행위자라는 특정 의미로 사용되었다. 우리말 '사기꾼'은 그보다 포괄적인 의미를 담고 있어 이를 구분해야 하지만 적절한 단어를 찾을 수 없어 일러둔다. _옮긴이

Leaders, Fools and Impostors: Essays on the Psychology of Leadership
by Manfred F. R. Kets de Vries

이 해 받 지 못 한 자 들 의 마 음 을 읽 다

맨프레드 케츠 드 브리스의

리더의 마음

LEADERS
FOOLS
AND
IMPOSTORS

맨프레드 케츠 드 브리스 지음
윤동준 옮김

생각의 서재

서문

나는 오랜 경험을 통해 리더와 추종자의 관계에 있어 그 종류와 크기가 다양하다는 것을 배웠다. 리더들을 만나면 만날수록 어떤 리더십 스타일이 더 효과적인지 일반화하여 설명하기가 어려워졌다. 리더와 추종자 간의 관계에서도 똑같은 말을 할 수 있다. 리더십 연구가 폭발적으로 증가하면서 어떤 스타일이 다른 스타일들과 비교해 더 나은지 대답하기가 무척 어려워졌다. 가장 적당한 대답은 모든 것이 구체적인 사정에 달려 있다는 것이다. 확실히 각각의 상황에 따라 그에 따른 리더십도 정당성을 가질 수 있는 것으로 보인다.

리더들의 고유한 특성은 각각의 구체적 상황 속에서만 찾을 수 있는 것이 아니다(각 회사나 관련 산업의 사정뿐 아니라 추종자들의 기대까지 고려했다). 각 나라별 문화의 특성 또한 리더십의 차이를 만들어낸다. 리더십의 특징을 몇 개의 흔한 개념으로 한정 짓는 것은(리더십 연구에서 자주 그러하듯) 독자의 지성에 대한 모욕이다. 하지만 그 특징에 관해 정리된 목록이 없다는 것이 리더십 행동에 공통된 특징이 없다는 것을 의미하지는 않는다. 어쨌든 리더도 인간이다. 비록 어떤 리더들은 삶을 초월한 것처럼 보이기도 하지만 인간의 일반적인 특성은 그들에게도 적용된다. 핵심은 리더에 대한 이해의 폭을 넓히기 위해 인간의 보편적 특성을 어떻게 활용해야 하는지를 알아내는 것이다.

누구를 어떻게 분석할 것인가?

나는 인간 행동의 다양한 패턴을 해석하면서 지그문트 프로이트 Sigmund Freud의 도움을 많이 받았다. 프로이트는 우리가 환경의 지배를 받는다는 사실을 처음으로 깨닫게 해줬다. 그는 우리가 가진, 자신을 둘러싼 세계를 통제할 수 있다고 생각하는 대부분의 인식이 환상일 뿐이라고 주장했다. 인간의 합리성에 대한 인식적 및 감정적 한계를 강조했으며, 주변에서 일어나는 일들(우리 의식 밖에서 일어나는 특정 일들)을 절대 완벽하게 알아낼 수 없다는 점을 보여줬다.

프로이트의 기여 중에서 더 중요한 것은 일상생활에 무의식이 미치는 영향에 대한 설명이다. 그의 연구 덕분에 우리는 인간 행동이 이뤄지는 인과관계의 본질을 이해할 수 있게 됐다. 또한 과거와 현재의 행동, 수면 상태와 깨어 있는 삶, 그리고 건강과 질병 사이에 연관이 있다는 사실을 증명했다. 프로이트는 무엇이 사람을 움직이게 하는지를 이해하는 데 매우 중요한 통찰을 제공했다. 이 책에서 나는 리더의 정신세계라는 개인적 연구과제에 이런 시각을 적용하려고 시도했다.

이 책을 읽으면 도움이 될 사람들

『리더의 마음』은 다년간 고민하고 성찰한 결과물이다. 원래 이 책의 글들은 수년에 걸쳐 이뤄졌던 수많은 경영진과의 만남에서 비롯됐다. 처음에는 그들이 이야기하는 대부분이 미로 속에 숨어 있는 수수께끼 같았다. 하지만 수수께끼에는 값진 대가가 숨어 있었다. 처음에 나는 궁금했다. 이 문제에 깊이 파고들어 내게 주어진 자료에서 뭔가 이해할 수 있기를 바랐다. 그런데 특정 상황을 이해하는 것이 얼마나 어려운지 그리고 그에 관한 내 무지의 폭이 얼마나 큰지를 깨닫게 해줬다.

나는 모호함을 견디고 내 무지를 받아들여야 했다. 그리고 성급하게 결론을 내리지 않았다. 물론 이런 열린 자세를 유지하는 것은 내 임상 접근법의 핵심이다. 언제나 시간이 흐르면 더 많은 데이터가 쌓이고, 우리는 경험을 통해 배울 수 있기 때문이다. 환자의 특정 행동에 얽힌 여러 가지 연관성에 대해 통찰력을 주는 데이터를 다양한 방식으로 얻을 수 있다고 기대한다.

나는 많은 리더들과 만났다. 그들은 인간이 스트레스를 받을 때 상황에 대처하는 방법이 다양하다는 점과 특유의 적응력이 있다는 사실을 깨닫게 해줬다. 또 악순환에 빠질 수 있는 위험 역시 크다는 것을 절실히 알게 해줬다. 그리고 마지막 분석을 통해 정신건강은 선택능력, 즉 반복되는 순환에 걸리는 것을 피할 수 있는 능력으로 귀결된다는 것을 알았다.

두 가지 다른 종류의 만남에서 나는 무의식과 실제 행동의 연관성을 밝힌 프로이트의 이론이 리더십 관련 상황에 어떻게 작동하는지를 알 수 있었다. 첫 번째는 내 치료 경험이었다. 나는 계속해서 환자에게서 배우며 그것이 매우 유용하다는 점을 알게 되었다. 누가 누구를 가르치는지 의아할 정도였다. 이런 경험을 하게 해준 환자들에게 감사한 마음이다.

두 번째는 수년간 경영대학원 인시아드Insead에서 지도했던 최고경영자 세미나 과정('리더십의 도전: 감정지능 개발하기')이었다. 이를 통해 나는 경영자의 행동에 대한 깊은 통찰을 얻을 수 있었다. 최고경영자 스무 명과 함께한 3주간의 세미나는(6개월에 걸쳐 나눠서 진행했다) 엄청난 경험이었다. 모든 리더들의 이야기가 나름의 특성을 가지고 있다는 것을, 각자가 어떻게 자신만의 길을 개척해나갔는지를 이해했다.

『리더의 마음』의 목적은 경영학을 배우는 학생들에게 전통적으로 제공되는 일차원적이고 기계적인 설명보다는 더 현실적이고 정교하게 조직 구성원의 상호작용을 보여주는 것이다. 이 책은 조직의 심리학적 역학관계에 집중해서 임상적 관점으로 의식적 내부 과정뿐 아니라 무의식이 어떻게 기업 정책과 조직 결정에 영향을 미치는지를 보여준다. 또한 조직이 목적을 달성하기 위한 수단으로서, 인간이 오로지 논리적으로 관리될 수 있다는 전제하에 이성적으로만 경영에 접근하는 방식은 잘못이라고 말한다. 기업의 경영진 역시 우리와 마찬가지로 언제나 이성적 존재가 아니라는 것을 증명한다. 그들은 감정이나 열망, 환상에 의해 움직이고 일상적인 기업 경영방식에 영향을 받는다.

이 책은 리더와 추종자의 비이성적 감정이 어떻게 전체 조직문화와 경영구조에 침투하는지, 그리고 왜 '정상적인' 회사와 그 리더가 갑자기 균형감을 잃고 돈을 잃는지를 보여준다. 경영에 임상적으로 접근(무의식적 동기, 내면 심리의 현실, 그리고 이성의 한계 등을 인식하면서)함으로써 경영진이 더 효과적으로 문제를 해결하고 창의적 리더십을 발휘할 수 있는 조직생활에 대해 종합적이면서 정확하게 설명한다.

『리더의 마음』은 주로 다음과 같은 다섯 부류의 독자들에게 도움을 줄 수 있다.

첫째, 기업 경영에 대해 깊이 이해하고 싶어 하는 현직에 있는 사람들은 자신의 행동이 기업 내 추종자들에게 영향을 미치는 범위를 알 수 있다.

둘째, 경영학 관련 학생들은(행정학, 정치학, 산업 및 조직심리학, 조직사회학, 직업정신의학, 산업사회사업학) 조직 기능이 무엇인지에 대한 현실적 지식을 얻을 수 있다.

셋째, 경영 컨설턴트와 코치들은 이 책을 통해 상담 작업에서 단순한 대증치료를 넘어 근본 원인을 이해함으로써 조직 진단, 개입 및 변화를 도모하는 데 효율을 높일 수 있다.

넷째, 이 책은 학술적으로 조직 내부의 인간 행동과 그 동기에 대한 깊은 이해를 제공한다. 이를 통해 보다 현실적인 기능조직 모델을 만드는 것도 가능하다.

마지막으로, 인적자원 전문가들은 이 책에서 상상 속의 허구가 아니라, 실제의 합리적인 그리고 비합리적인 요소들을 통합한 구조와 시스템을, 그리고 효율적으로 기능하는 조직을 설계하는 데 도움을 받을 수 있다.

이 책의 구성에 대하여

자꾸 거울 꿈을 꾸는 환자가 있었는데, 이 책을 쓰게 된 계기가 됐다. 그의 꿈을 해석하면서 나는 거울이 그 환자의 성장과정에서 일어났던 특정 중요 사건을 상징한다는 사실을 알게 됐다. 그 꿈들은 환자가 겪는 변화를 이해하는 데 매우 중요한 요소가 됐다. 그의 사례는 내 호기심을 자극했다. 나는 거울과 사람의 관계 그리고 인간의 성장과정에서 '거울전이'의 역할에 대해 더 알아보고 싶었다. 그렇게 1장이 탄생했다.

불가피하게, 거울전이에 대한 탐구는 나르시시즘(자기애)과 리더의 나르시시즘적 행동에 대해 알아야 할 필요로 이어졌다(2장). 그런 행동 속에서 찾을 수 있는 성장의 지표는 무엇인가? 나르시시즘을 키우는 리더십의 심리적 압력은 무엇인가? 리더가 빠질 수 있는 나르시시즘의 덫은 무엇인가? 이런 질문들을 검토하면서 나는 나르시시즘의 위험 중 하나는 리더가 이를 쉽게 떨쳐버리지 못하는 데 있다는 것을 알게 되었다. 이것은 곧 권력이란 포기하기 힘든 중독이 될 수 있다는 명확한 결론으로 이어졌다. 3장에서는 리더가 어떻게 물러나는지 또는 왜 물러나기를 거부하는지에 대해 탐구한다. 리더가 자리를 내려놓는 결정을 내릴 때 가장 우선적으로 다뤄야 할 심리적 이슈들에 대해 논한다.

이 책 전반부 세 개의 장이 리더십의 일반적 문제를 다루는 데 비해, 나머지 장들은 개별적 사례와 리더의 행동이 추종자에게 미치는 영향을 다룬다. 나는 특정 유형의 사람들이 각 상황에 따라 조직 내에서 어떻게 기능하는지에 호기심을 느꼈다. 4장은 감정 소통을 하지 못하는 현상을 다룬다. 정신분석가로서 나는 이 주제를 —지금은 감정지능에 대한 관심이 더 커졌다— 항상 가슴에 품고 있었다. 수년에 걸쳐 나는 기계적 행동으로 내게 충격을 주는 많은 경영자들을 만나왔다. 스트레스를 주는 상황에 어울리지 않는 그들의 반응과 로봇처럼 주변환경에 대처하는 그들의 행동방식에 호기심을 느꼈다. 이런 행동은 언제 시작될까? 무엇이 이런 행동을 하게 만들까? 조직의 특정 유형이 이런 행동의 원인이 될까? '감정표현불능증(감정을 인식하고 다루는 데 어려움을 보이는 상태)'이라 불리는 현상을 연구하면서 내 연구는 진전될 수 있었다.

5장에서는 내가 조직 컨설팅 업무를 하면서 알게 된 또 다른 리더십 이슈들을 다뤘다. 컨설팅 과정에서 종종 나는 내가 광대처럼 인식되는 상황을 만났다. 여기서 광대는 멍청하다는 것이 아니라 진실을 거리낌 없이 꺼내든다는 의미다. 나는 수년 동안 묵혀두었던 고통스러운 특정 이슈를 조직의 권력자에게 제시해달라는 요청을 많이 받았다. 대개 이러한 문제들은 너무 오랫동안 뒷전으로 밀려나 있었고, 달갑지 않은 소식을 듣기 두려워하는 임원들에 의해 묻히는 경향이 있었다.

이런 종류의 행동을 관찰하면서 나는 리더십에 대항하는 힘의 필요성을 명확하게 느꼈다. 조직의 생존을 위해 필수불가결한 힘이다. 이런 균형이 없다면 루이 14세의 "내가 죽은 뒤 지구가 멸망하건 말건"이라는 표현이 현실이 된다. 그리고 조직의 영속성은 제한된다. 정신병리학적 위험은 항상 존재한다. 많은 리더들이 힘과 권위가 있는 자리에 올랐을 때, 경계에 대한 감감을 잃고 조직 내의 다른 사람들에게 자신이 미칠 수 있는 영향력을 깨닫지 못한다.

6장에 영감을 준 것은 내가 예전에 겪었던 누군가와의 힘든 만남이었다. 나는 그의 개인적 습성과 행동을 전혀 이해할 수 없었다. 하지만 그러면서도 그와 만날 때는 이런 내 의혹들을 자꾸 잠시 미뤄둬야만 할 것 같았다. 결국 나는 그가 사기꾼의 기질을 가졌다는 것을 깨달았다. 그와 만남을 이어가던 시기에 나는 세이렌(그리스 신화에 나오는 바다의 요정. 아름다운 노랫소리로 뱃사람들을 홀려 죽게 했다고 한다-옮긴이)의 유혹에 거의 넘어갈 뻔했다. 그가 사기꾼임을 보여주는 모든 증거에도 불구하고, 그의 이야기를 믿고 싶은, 현실감을 놓아버리고 그의 판타지에 동참하고 싶은 강한 욕구를 느꼈다. 이 만남 덕택에 부정직하게 사람을 조종하는 그의 행위를 곰곰이 생각할 수 있었고 이어서 사기꾼은 누구인지 그리고 무엇이 사기꾼처럼 느끼게 하는지에 대한 질문들을 조사하게 됐다.

리더십을 남용하는 스타일(특히, 사담 후세인과 영국의 언론재벌 로버트 맥스웰)을 가진 사람들에 대한 뉴스에 자극 받아, 나는 권력을 남용하게 만드는 요인들에 대해 호기심을 느꼈다. 누군가는 리더십에 수반되는 권력을 잘 감당하는 반면 또 누군가는 참혹한 결말을 맞게

되는 이유는 뭘까? 이 질문이 7장의 시작점이 됐다.

나는 효과적인 리더십에 필요한 사항들은 무엇인지에 대한 의견들로 이 책을 결론지었다. 무엇이 효율적인 리더와 그렇지 못한 리더를 구별 짓는가? 어떤 패턴을 확인할 수 있는가? 이런 질문들을 다루면서, 불가피하게 나는 정신건강의 구성요소들에 대해 생각해야 했다. 이를테면 정신건강과 질환의 연관성 속에서 그 경계를 어떻게 구분 지을 것인가, 무엇이 자기자신에 대해 행복감을 느끼게 하는가와 같은 것이다.

Leaders, Fools and Impostors

차 례

서론

Leaders, Fools and Impostors

리더의 마음을 들여다보기에 앞서

모든 세계는 무대,
남자들과 여자들은 그저 모두 연기자일 뿐.
그들은 각자 등장하고 퇴장한다.
그리고 한 남자는 주어진 시간 동안 여러 역할을 한다.

_윌리엄 셰익스피어, 『뜻대로 하세요』, 2장 7막

수면 아래로 들어가는 사람은 위험을 무릅쓴다.

_오스카 와일드, 『도리언 그레이의 초상』

공동생활을 하는 모든 생명체는 리더가 필요하다. 늑대들이든 새끼늑대들이든 무리마다 리더가 있다. 중앙정부 또는 지방정부 구성을 위해 정기적으로 선거를 하는 많은 나라들에서도 자유로운 선거로 선출된 대표보다 더 많은 애정과 충성을 받는, 선출되지 않은 우두머리들을 찾아볼 수 있다. 인간은 리더를 빼앗겼을 때, 명목상 리더였든 실제 리더였든 상관없이, 다시 리더를 찾아 나선다. 위기상황이나 급변기에는 특히 더 그렇다. 이러한 현상은 대규모로 작동되며, 우리는 이전에 자신들의 군주를 축출하거나 제거한 유럽 나라들의 언론매체가 보여줬던, 고통스러워하면서도 끊지 못하는 왕실에 대한 관심에서부터 1930년대 히틀러와 국가사회주의자들을 향한 자발적이고 광적인 지원까지 여러 역사의 현장에서 이를 목격할 수 있다. 그 영향 또한 무해한 결과부터 엄청난 충격에 이르기까지 광범위하게 나타난다.

리더를 원하는 이유는 기본적으로 인간의 성향에 기인한다. 말하자면, 어떤 사회적 배경을 갖든 우리는 둘 중 하나를 선택해야 한다. 이끌든지, 따르든지. 정치무대나 거대기업의 위대한 리더십만을 이야기하는 것이 아니다. 리더와 추종자는 일상생활의 기본 모형이다. 집에서, 운동장에서, 사무실에서, 그리고 각각의 상황에서 우리 모두는 리더나 추종자라는 자신의 위치에 대한 문제와 맞닥뜨린다.

우리는 언제나 공공의 리더에게 영웅의(또는 악당의) 위상을 부여했다. 전통적으로 우리의 영웅들은 철학자, 작가, 군주, 장군, 정치인 들이었다. 오늘날의 영웅은 대중에게 늘 노출되어 있는 기업의 리더들이다. 거실에 놓인 텔레비전에 일거수일투족이 투사되는, 그리고 엄청난 성공과 때로는 찬란한 실패가 온갖 일간지에 특집기사로 도배되는 누군가이다. 그들이 자신의 조직 밖에서도 얼마나 큰 영향력을 발휘할 수 있는지 깨닫는 데는 그저 최근 사람들 입에 오르내리는 기업계의 거물들을 떠올리면 된다.

영웅이든 악당이든 리더들은 신문이나 문학작품에 반복해 등장하고 분석의 대상이 된다. 리더십 연구 자체는 플라톤의 『국가론』만큼이나 오래됐지만 계속해서 과도할 정도로 역사, 심리, 정치, 그리고 비즈니스 매체의 지면을 채우고 있다. 불행히도 너무 많은 경영이론가들이 리더십에 대한 연구를 일련의 관행적 규칙과 절차, 모델로 제한해버렸다. 그로 인해 이 주제로부터 발생하는 가장 중요하고 흥미로운 질문들에 대답하는 것이 힘들어졌다.

누가 리더가 되고 누가 리더가 되지 못하는지를 결정하는 요소는 무엇인가?

리더의 내면세계에서는 무슨 일이 벌어지는가?

리더의 내면에 존재하는 무대는 어떻게 생겼을까?

현재진행형인 리더십은 드라마틱한 성공 혹은 실패 이야기 못지않게 복잡성과 미묘함을 특징으로 한다. 이런 이야기들은 서점의 베스트셀러 서가를 채운 채, 구체적 해석이 들어 있지 않은 피상적인 내용임에도 지루한 학구적 논문보다 더 리더십에 관심 있는 사람들에게 매력적으로 다가온다. 두 종류의 출판물 —학구적인 이론서와 선정적인 대중서— 모두 리더의 심리적 뿌리와 그들과 추종자들 사이의 관계에서 작동하는 결정적인 역학관계를 탐구하는 실용적인 중간지대가 빠져 있다.

이 책은 무의식적인, 즉 인지하지 못하는 과정들이 조직의 기능에 중요한 역할을 한다는 것을 증명하기 위해 임상 접근법을 이용하여 그 중간 기반을 제공하려 한다. 무엇보다 경영대학원의 교육자, 정신분석가로서 내가 행한 실습들, 그리고 수많은 기업 컨설턴트로서의 경험을 바탕으로 했다.

이 책 전반은 기본적으로 리더가 추종자에게 미치는 영향과 이 관계가 오작동할 때 어떤 일이 일어나는지를 살펴본다. 임상실습, 교육경험, 역사적 자료에서 많은 예를 들었다. 나는 역사심리학적 탐구가 위험한 시도라는 것을 안다. 상담실 밖에서, 사후적으로, 추론을 하고 그 유효성을 평가하는 것은 어려운 일이다. 역사심리학적 사례에 대한 간략한 묘사만으로 인간 삶의 모든 복잡성을 절대 반영할 수 없다. 하지만, 나는 사례연구가 특정 행동 패턴을 명확히 밝히는 데 분명 도움이 된다고 믿는다. 독자들이 나와 함께 역사적 사례들을 유용한 예측도구로 받아들이기를 바란다.

1장

Leaders, Fools and Impostors

누가 리더를 이렇게 만들었나

거울아, 벽에 걸린 거울아,
세상에서 누가 제일 예쁘니?

비밀 중의 비밀을 말해줄게.
거울은 죽음이 드나드는 문이란다.
누구에게도 말하지 마렴.
그저 거울에서 네 모든 삶을 들여다보면
유리벌집 속의 꿀벌처럼 일하면서 맞이하는 죽음을 보게 된단다.

_장 콕토, 『오르페』

1905년, 프로이트는 18세 소녀인 히스테리 환자 도라의 치료 사례를 출판했다. 이 책에서 그는 환자가 이전부터 갖고 있던 대인관계 패턴으로 치료사에게 반응하는 과정을 설명한다. 프로이트는 이 과정을 '전이transference'라고 불렀으며, 이를 현재에 변형되어 나타나는, 과거 경험에 대해 환자가 보이는 감정적 및 심리적 반응의 "새로운 판본new edition" 또는 "재판reprint"이라고 표현했다. 프로이트의 말에 따르면 "일련의 심리적 경험이 과거에만 남아 있는 것이 아니라 전체적으로 되살아나서 지금 이 순간에 치료사에게 적용된다."([1905] 1953b, p.116)

전이는 분석하는 과정에서 특정 문제를 일으키기도 하지만 때로는 소중한 통찰을 주기도 한다. 우리 모두는 일상생활에서 전이반응을 나타낸다. 실제로, 우리의 정서반응 대부분은 주어진 상황에 대한 현실적 반응과 "경험적" 또는 전이적 반응이 복합된 결과다. 이런 경험적 반응들은 어린 시기에 형성되는 관계(첫 번째로 보호자인 부모) 그리고 그때 주어져 남은 인생 동안 사라지지 않는 심리적 각인에서 기인한다.

나는 일터에서 흔히 발견되는 전이의 두 가지 형식을 다른 곳(Kets de Vries, 1989, pp.35ff.)에서도 언급했다. 이 두 가지는 '이상화 전이'와 '거울전이'라고 정의할 수 있다. 이 둘은 상호보완적면서도 리더가 자신의 추종자들에게 거는 마법의 주문을 이해하는 데 필수적이다.

추종자들은 리더를 이상화하는 경향이 있다(어린 시절 전지전능하고 완벽한 부모에게서 보호받기를 원하는 기대의 반향이다). 그래서 리더에게 비현실적인 힘과 자질을 부여하려고 든다. 보호받는다는 느낌과 스스로도 힘을 얻기 위한 방법이다. 동시에 리더는 추종자들의 눈에 비춰진다. 그 반대도 마찬가지다. 조직이라는 환경 속에서 이런 전이의 형식들이 어떻게 작용하는지 분석하기 이전에, 우리는 인간의 일반적인 행동 양태에서 이들의 중요성을 살펴볼 필요가 있다.

개인에게 나타나는 거울전이

아기가 처음으로 보는 거울은 엄마의 얼굴이다. 소아과 의사인 도널드 위니콧Donald Winnicott은 이렇게 말했다(1971). "아기가 보는 것은 자신이다. 즉 엄마가 아기를 볼 때, **엄마의 얼굴이 어떻게 보이는지는 그녀가 아기의 얼굴에서 무엇을 보는지와 관련되어 있다.**"(pp.111-112, 강조 추가). 위니콧에 따르면 엄마의 얼굴에서 보이는 자신의 반사된 모습, 그리고 그 변화에 대한 아기의 민감성이 유아기 감정발달의 수준을 크게 결정한다. 아기 때부터 시작되는 이 과정은 평생에 걸쳐 계속된다. 그리고 왜 다른 사람들에게 투영된 우리의 공포, 욕망, 성공, 실패를 계속 보게 되는지를 설명한다. 엄마의 얼굴과 이뤄지는 이 교감의 질과 아기가 개발하는 감정적 성숙도의 수준이 현실을 익히는 아기의 사고능력에 영향을 미친다.

우선, 엄마의 얼굴은 아기의 완전성에 대한 엄마의 생각을 반영한다. 아기가 나이를 먹어가면서 이 거울은 반사되는 모습을 조정한다. 즉, 아기는 무비판적으로 사랑받는 이미지가 아닌 개인으로서 자신의 모습을 좀 더 이성적으로 인식한다. 이런 조정은 필수적이다. 여기서 거울전이는 양방향 효과를 가진다. 자아와 정체성에 대한 최초의 감각을 만들고 동시에 타인과의 관계를 형성하는 능력을 기르기 위한 토대를 형성한다.

엄마와 아이 양자 모두 관찰자와 피관찰자로서 그 관계의 질이 중요하다. 발달심리학자 말러(1967; Mahler, Pine, and Bergman, 1975)는 이 관계에서 적절한 단계적 거울전이 반응의 중요성을 강조한다. 개인의 성격에서 긍정적이고 부정적인, 바람직하고 바람직하지 않은 측면의 상호작용은 사람으로서 자기감의 경계를 정의하고 승인하는 데 도움이 된다. 물론 이 과정에는 엄청난 범위의 왜곡된 거울전이가 존재한다. 아이가 보는 것과 아이가 보기를 원하는 것은 매우 다를 수 있다. 이 차이는 부모의 특정 면을 인식하지 말라는 경고(내 행동을 따르지 말고 내 말을 따라라)의 형태를 취할 수 있다. 그러한 왜곡에는 이미지를 바로잡고 싶어 하는 아동의 지속적인 욕구가 뒤따르고 자기 자신에 대한 정체성 혼란을 초래할 수 있다. 한 환자는 이렇게 말했다. "저는 정말 제가 누구인지 모르겠어요. 저는 자신을 표현하기 위해 다른 사람들을, 특히 제 아내를 이용합니다. 저는 거울을 볼 때 제가 누구인지 알아내려고 애씁니다. 제가 어떻게 생겼는지가 아니라 정말 제가 누구인지의 문제입니다."

이런 어린 시기 감정 형성 과정의 왜곡이나 현실감의 정도는 단순히 어린 시절의 사소한 일로 경시할 수 없다. 거울전이는 성인기에도 그 영향이 느슨해지지 않는다. 셴골드Leonard Shengold는 이렇게 지적했다. "거울의 마술은 좋든 나쁘든 엄마와 접촉하여 정체성과 마음이 형성되는 나르시시즘 시기와 관련되어 생겨난다. 거울 마법의 힘은 부모와 나르시시즘적 전지전능함의 연속이다."(1974, p.114, 강조 추가). 우리 모두는 자신의 완벽함과 부모의 완벽함에 대해 지울 수 없는 인상을 가지고 있다. 코헛은(1971) 이를 각각 "과대자기the grandiose self"와 "이상화된 부모상the idealized parent image"이라고 규정한다. 그리고 우리 모두는 부모에게 인정받고 하나가 되었던 그 느낌을 되찾고자 하는 욕망을 갖는다. 그 느낌을 채울 수 있다면 어떤 기회든지 움켜쥐려고 한다.

거울전이의 과정, 그리고 이와 개인이 성장하면서 느끼는 나르시시즘과의 연관성은 인간의 근본적 주제다. 이는 인기 있는 신화, 동화(인간의 심리를 파고드는 기만적으로 순진한 이야기)뿐만 아니라 여러 형태의 소설에도 담겨져 있다. 특히 『백설공주』에는 거울에 비친 모습과 그 왜곡이라는 주제가 자주 등장한다. 누구나 백설공주 하면 마법의 거울을 떠올릴 것이다. 거울은 사악한 여왕에게 그녀가 "세상에서 가장 아름답다"고 확인해준다. 그런데 어느 날 갑자기 거울이 그녀가 양녀인 백설공주의 아름다움에 밀렸다는 사실을 말한다. 여왕은 분노하여 거울을 공격한다. 오스카 와일드의 소설 『도리안 그레이의 초상화』에서 아름다운 젊은이의 초상화는 점차 그 피사체가 내면적으로 퇴화해가면서 나타나는 모든 외부적 모습을 가져와 괴물 같은 악과 부패의 이미지로 변해간다.

거울전이를 주제로 삼은 가장 잘 알려진 이야기는 나르키소스의 신화인데, 그는 현실 대신 환상을 선택하고 호수 표면에 반사된 자신의 모습을 짝사랑해 스스로 목숨을 끊는다. 예언자 테이레시아스는 나르키소스가 자기자신을 전혀 알지 못하는 한 노년까지 살 것이라고 예언한다. 가장 깊은 인간의 본능에 대한 이 신화의 매력은 나르키소스를 희망과 실망의 가장 강력한 상징 중 하나로 만들었고, 얻기 어려운 것들을 절망적으로 갈망하는 화신으로 구현했다. 우리 삶의 가장 이른 시기에 뿌리를 둔, 환경과의 완벽한 융합이라는 거대한 느낌을 다시 끄집어냈다. 나르키소스의 갈망 속에는 거울전이의 과정이 압축돼 있다.

거울mirror이라는 단어는 라틴어 'mirare'에서 파생된 것으로 '보는'

이라는 뜻을 가지고 있다. 또한 '경탄하는', '감탄하는'이라는 뜻도 있다. Mirare는 신기루mirage와 기적miracle이라는 단어의 어원이다. 거울은 진실과 왜곡의 도구가 동시에 될 수 있기 때문에 이런 관련성은 그럴듯해 보인다. 실제로, 환상과 실제라는 우리 인식세계를 설명하기에 이보다 더 효과적인 도구를 생각하기는 어렵다. 전설, 민담, 신화, 미신을 보면 거울은 선과 악의 양쪽 이미지를 모두 가지고 있다. 인류학자들(Roheim, 1919; Frazer, 1947)은 많은 거울 관련 미신 사례들을 설명했다. 특히 거울전이와 죽음이 자주 연결되는 현상을 강조했다.

우리가 자주 만나는 또 다른 믿음은 사람의 반사된 모습이 자신의 영혼이 비친 모습이라는 것이다. 그래서 몇몇 문화권에서는 거울을 들여다보는 행위가 영혼을 위협한다고 여긴다. 심리분석가 엘키쉬Elkisch는 이렇게 말했다. "거울에 비춰진 남자의 이미지는 우선 손으로 만질 수 있는, 실제의 무언가로 나타나야 한다. 그러나 이는 허상, 말하자면 손을 올려놓을 수 있는 어떤 것이 아니기 때문에 당사자는 이를 분명 영혼을 마주한다고 느낀다. 그리고 영혼이 외부에 나타나면서 자신을 떠나고 이는 죽음을 의미한다고 생각한다."(1957, p.240)

거울이라는 은유는 자아의 여러 이미지들에 대한 인식을 의미한다. 공적인 자아와 사적인 자아를 나누어서 인식해야 하는 운명을 나타낸다. 거울의 표면에서 우리는 보고 싶은 것은 찾고, 보기 무서운 것은 외면하려 한다. 나르시시스트적 전지전능감과 차가운 현실은 이렇게 만난다. 스스로를 완전한 육체와 감정으로 인식하는 자기감sense of self이 시작되는 순간은 종종 거울 속의 자신을 알아보고 받아들이는 강력한 경험에서 기원한다. 아이들은 자주 거울 속 자신의 이미지를 보며 논다. 자신의 모습이 사라지고 다시 나타나는 단순한 행위를 반복한다. 이는 자아의 경계를 세우는 마법 같은 방법이다. 그러므로 넓게 보면, 거울전이는 자아의 경계를 세우고, 유지하고, 회복하려는 시도다.

환자를 치료하는 상황에서 이런 과정을 살펴볼 수 있다. 치료사에게 인정과 이해를 받고 싶은 환자의 욕구가 거울 꿈으로 나타난다. 치료사는 환자가 자아에 대한 새로운 이해를 할 수 있도록 도와주려고 한다.(Lacan, 1949, 1977; Eisnitz, 1961; Feigelson, 1975; Myers, 1976; Carlson, 1977) 칼슨은 꿈속에 나타나는 이 거울을 "'엄마 눈 속의 빛'을 찾으려는 간절함, …… 특별히 정신적으로 힘든 시기에 통찰력을 발휘하고 또 이겨내기 위해 필요한 집중력을 나타내는 내면적 실재"(p.67)라고 비유한다.

중년의 어느 기업 대표가 치료받았던 과정을 예로 들어보자. 이 남자는 최근에 오래 끌었던 아내와의 이별을 마무리했다. 그리고 개인으로서의 삶과 일터에서의 삶에 따르는 각각의 가치와 목표에 심각한 회의감을 품었다. 거기에 더해 끊임없이 반복되는 악몽에 괴로워하고 있었다. 악몽 속에서 그는 갈수록 좁아지는 복도를 희미한 조명 아래 걸어간다. 돌아가고 싶지만 무언가가 그를 억압해서 계속 걸어가게 만든다. 마침내 앞으로 나아갈 수 있는 방법은 기어가는 수밖에 없다. 그리고 거울로 이뤄진 막다른 벽과 마주친다. 거울 속을 들여다보면 끔찍하게 일그러진 자신의 얼굴이 나타난다. 그리고 얼굴은 해체되면서 흩어져 사라진다. 그는 비명을 지르며 깨어난다.

치료 과정 동안 그는 자신의 문제를 깊이 들여다볼 수 있었고 인생에서 중요한 많은 결정을 내렸다. 그러면서 악몽은 사라졌다. 1년 후에 그는 또 다른 거울 꿈을 꿨다. 하지만 이번에는 완전히 달랐다. 그는 치료사의 의자에 앉아 있었고 치료사는 그의 뒤편에 서 있었다. 그리고 둘은 같은 거울을 바라봤다. 그는 치료사의 웃는 얼굴을 보며 미소를 지었고 그 이미지는 냇가에 어머니와 함께 앉아 있는 자신의 모습으로 바뀌었다. 그는 그 꿈속에서 느꼈던 평온함을 치료사에게 생생하게 설명했다. 더욱 충실한 자기감을 얻기 위한 이 남자의 여정에 수반되는 거울의 이미지에는 앞선 꿈에서의 끔찍한 공포와 두 번째 꿈에서의 평온과 엄마와 함께하는 안정감이 그림으로 생생하게 나타난다. 우리는 이 두 꿈의 차이가 특정 개인의 과거와 연관된 나르시시스트적 자기감과 현실적 자기감이 성공적으로 조정되는 과정을 보여준다고 추론할 수 있다. 이를 통해 그는 적극적으로 내면적인 형상화를 할 수 있게 됐다.

반대로, 여기 누군가의 반복되는 악몽은 성장 중인 어린아이가 첫 번째 거울전이 과정을 실패했을 때의 예를 보여준다. 작고한 전임 미국 대통령 린든 존슨은 자신의 전기작가인 도리스 컨스에게 심각한 정체성 위기를 겪을 당시에 자신을 괴롭혔던 꿈에 대해 털어놓았다. 대학에 가기를 거부하면서 존슨은 캘리포니아로 도망가 외삼촌의 법률 보조원으로 일했다. 하지만 그는 알코올 중독으로 매우 불안정한 사람이었다. 그래서 그는 길거리의 부랑자로 2년의 세월을 보냈다.

컨스는 이렇게 썼다.

> 이 질풍노도의 시기에, (15세의) 존슨은 작은 새장 같은 우리 속에 홀로 앉아 있는 꿈을 반복해서 꾸며 괴로워했다. 그가 갇힌 우리는 돌 의자와 어두운 색의 무거운 책 더미 외에는 아무것도 없이 텅 비어 있었다. 책을 집어 들기 위해 몸을 굽히면 손에 거울을 든 나이 든 여자가 우리 앞으로 걸어온다. 그는 거울 속을 힐끗 쳐다보고 갑자기 반점이 가득한 갈색 피부와 길고 뭉친 머리의 비틀린 노인이 된 자신의 모습을 발견하고 무서워한다. 그는 나이 든 여자에게 우리에서 꺼내달라고 애원한다. 하지만 그녀는 그를 외면하고 사라져버린다. 그가 기억하기로는 꿈속의 이 시점에서 손과 이마가 땀에 흠뻑 젖은 채 깨어난다. 그는 침대에서 일어나 자신이 무슨 말을 하는지 완전히 이해하지 못하면서도 있는 힘껏 큰 소리로 이렇게 되뇐다. "나는 도망가야 해. 나는 도망가야 해."(1976, p.40)

존슨의 꿈을 들여다보면 그의 엄마가 아들을 잘 보살폈는지 그리고 적절한 거울전이가 이뤄졌는지 의구심이 생긴다. 존슨의 나중 행동을 보면 그녀가 그렇게 하지 못했다는 것을 알 수 있다. 그는 만족하지 못하고 거울전이를, 즉 자신을 자꾸 과장하며 만나는 모든 사람들에게서 보다 돋보이는 자신의 반사된 모습을 찾으려고 계속 시도한다. 중심무대에 서려고 하고 다른 사람의 관심을 끌려고 애쓴다. 자신을 스스로 긍정해줄 수 있는 내부 에너지와 홀로 견딜 수 있는 힘이 분명 부족하다. 앞서 예를 든 기업 대표와 비교하면 그는 위로받을 수 있는 보호자의 이미지가 적절히 내면화되지 않은 것이다. 결과적으로, 그가 가진 자신의 정체성에 대한 느낌은 취약해서 상시적으로 타인들에게서 재확인을 받아야 한다.

만약 거울전이가 우리 일상생활을 비롯해 타인과의 관계에서 반드시 필요한 힘이라면 조직 내 리더와 추종자 사이의 역학관계 속에서도 중요하다. 리더/추종자 상황을 이루는 많은 요소, 즉 힘, 권위, 영웅 숭배, 아첨, 야망, 관심 끌기 등은 왜곡된 거울전이가 나타날 수 있는 엄청난 기회를 제공한다. 추종자들은 리더에게 자신의 환상을 쉽게 투영한다. 그리고 리더가 하는 모든 행동을 추종자 스스로가 만들어낸 자신의 이미지 관점에서 해석한다. 리더를 유혹해 추종자들이 만들어낸 환상 속의 존재가 실제 리더 자신이라고 믿게 만든다. 불행히도, 대개는 그들이 만들어낸 환상의 세계 속에서 리더와 추종자 모두가 깨어나기 전에 대재앙이 일어난다. 그리고 다른 사람들이 사태를 수습해야 한다. 전 미국 대통령 로널드 레이건의 재정정책이 이를 보여주는 좋은 예다.

임기를 개시하면서 8억 달러의 재정적자를 물려받은 레이건은 대통령직을 끝내면서 2조 2,000억 달러로 증가시켰다. 그의 내각을 이루는 많은 추종자들은 그 사실을 계속해서 부정하면서 균형재정을 이룰 수 있다고 믿게 했다. 레이건의 추진력은 허울뿐이었음에도 그의 유권자들의 기대를 투사받아 나라의 자원을 관리하는 관리자로서의 단점을 효과적으로 감췄다.

물론 리더가 된다는 것은 다른 사람들의 판타지나 욕망이 투영된 거울이나 빈 화면 이상의 것을 의미한다. 리더십을 연구하는 학자들은(Bass, 1981, 1985; Burns, 1978; Kotter, 1982; Bennis and Nanus, 1985; Collins, 2001; Leavitt, 1986; Tichy and Devanna, 1986; Pfeffer, 1998; Kets de Vries, 1989, 2001a; Zaleznik, 1989) 리더에게 기본적으로 필요한 자질들을 나열했다. 미래를 위한 비전을 설득력 있게 표현할 수 있는 능력, (대개는 고통스러운) 선택하기, 추종자들과 자신의 비전을 공유하기 위한 인상 관리(사람, 물체, 사건에 대한 다른 이들의 지각에 영향을 주려고 시도하는 의식적이거나 무의식적인 목표 지향적 과정-옮긴이) 활용 능력, 네트워크 구축하기, 추종자들에게 권한 부여하기, 그리고 현실에 기반을 두고 추종자들의 전망을 지켜나가기 등이다. 이런 능력들은 리더의 자질을 떠나서 반드시 리더십의 추상적인 측면과 균형을 이루어야 한다. 추종자들은 리더에게 특정 수준을 기대한다. 그래서 리더의 행위나 부작위에 의미를 부여한다. 이런 속성들이 균형을 이루는 예가 성장 중인 아이에게 부모가 제공하는, 현실에 맞춰진 거울전이다.

리더가 어떻게 거울전이 과정에 대처하는지는 그들의 성숙도 수준을 보여준다. 주변의 추종자들은 자신들이 만들어낸 왜곡된 거울전이 게임에 리더를 동참시키려 한다. 이때 리더는 휩쓸리지 않고 현실감을 유지한 채 상황을 있는 그대로 직시할 수 있는지에 대한 가혹한 시험에 빠진다. 위기에 닥치면, 인간의 퇴행적 행동 속성을 고려할 때, 뛰어난 현실감을 갖춘 개인이더라도 왜곡된 거울전이의 환상 속으로 빠져들 수 있다.

거울전이 현상에 대한 여러 관찰에 따르면 리더/추종자 관계에서 리더는 추종자들의 욕망에 의해 부분적으로 정의된다. 리더가 추종자들에 의해 만들어진 판타지를 충족시켜줘야 할 필요를 느낄 때 커다란 왜곡의 위험이 존재한다. 이런 상황 속에 빠진 조직은 거울의 전당 속에서 운영된다. 계속해서 왜곡되어 기괴하게 변한 이미지가 무한정 반사된다. 욕망이 사실을 대체하고 현실 대신 환상이 자리 잡는다. 가장 큰 문제는 리더들이 권위와 힘을 이용하여 왜곡된 인식에 근거한 조직 운영을 계속하다가 심각한 결과를 가져올 수 있다는 점이다.

기업에서의 거울전이
: 왜 무능한 사장을 유능하다고 생각할까?

롤텍스(가명)라는 가전제품 기업에서 일어난 사건을 살펴보면 조직 속에서 일어나는 거울전이 과정을 잘 알 수 있다. 1940년대 후반 존 무어가 창업한 롤텍스는 현재 무어 가문이 소유하고 운영하고 있다. 무어의 세 아들 중 두 명이 아버지의 사업에 참여하고 있는데, 장남 피터는 생산과 운영을, 둘째 사이먼은 마케팅과 판매를 맡았다. 셋째 아들 버나드는 대학을 다니면서 여름에만 잠깐 회사에서 일했다. 그의 아버지가 세운 신탁기금 덕분에 개인적으로도 부유했던 버나드는 대학을 중퇴하고 대부분의 시간을 밴드에서 음악을 즐기거나 여행을 하면서 보냈다.

그러다가, 예상치 못하게 존 무어가 심장마비로 갑자기 사망했다. 다른 많은 기업들과 마찬가지로 그는 구체적인 기업 승계 계획을 세워놓지 않았다. 그의 죽음은 회사 전체적으로 극적인 반향을 불러일으켰다. 한동안 불안과 머뭇거림, 숙고의 시간이 흘렀고 가족회의를 거쳐 —나중에 이사회의 추인을 받아— 버나드가 새 사장으로 취임했다. 피터와 사이먼 모두 현재 직무에서 손을 뗄 수 없었기 때문에 이런 뜻밖의 결정이 나왔다. 그들은 회사가 위기에 빠졌을 때 자신들의 부서에 변화가 발생하면 불필요한 혼란이 일어날 수 있다고 판단했다. 버나드는 회사의 어떤 분야에도 전문적인 지식이 없었기 때문에 오히려 더 전반적인 경영을 맡을 수 있는 적합한 인물로 평가됐다. 처음에는 버나드의 일천한 경력 때문에 조심스러웠던 이사진은 대부분 그가 취임한 이후 대단한 변신을 이뤄냈다고 믿었다. 그들은 그가 새로운 자리에 걸맞은 성장을 이뤄냈다고 생각하고 그런 성취에 감명을 받았다.

그런데 버나드의 취임 이후 기업 분위기가 상승했음에도 롤텍스의 실제 상황은 잘 풀려나가지 않았다. 회사는 시장점유율을 빠르게 잃어갔고 수익이 떨어지기 시작했다. 이런 상황은 많은 조직적 문제를 불러왔고 몇몇 핵심 인물들마저 회사를 떠나갔다. 사이먼은 고민이 깊어져 회사 전체 기능에 대한 문제를 조사할 컨설팅 회사를 찾았다. 비록 그는 동생이 사장으로서 새로운 역할을 지극히 잘 수행하고 있다고 느꼈지만 수익성이 자꾸 악화되는 현상을 이해할 수 없었고 회사 전략의 적절성에 대해 의문을 품게 됐다.

컨설턴트들은 회사 내에 팽배해 있던 불안에서 벗어나 있는 외부인이었다. 그들이 처음 충격을 받은 사실은 회사가 경영 관련 가장 기본적인 지식조차 없는, 놀라울 정도로 무지한 한 사람에 의해 운영되고 있다는 사실이었다. 회사 소속 이사진과 달리 그들의 눈에 재능이 넘치는 조직 운영 천재의 드라마틱한 등장은 그저 환상에 불과했다. 그들에게는 자신의 일에 완전히 갈피를 잡지 못하고 있는 사람만이 보였다. 회사의 모든 직원들이 강력한 에너지의 원천이라고 받드는 사장이 컨설턴트들에게는 자신의 일에 대한 완전한 무지로 심각한 마비상태와 마지못한 행동 사이를 오가는 불안에 휩싸인 한 남자에 불과했다. 게다가 그들은 버나드가 내린 몇 가지 결정이 대개는 고참 이사들의 아이디어였거나 구체적인 조치사항이 없는 완전한 허구라는 사실에 주목했다.

또한 버나드가 주도적으로 결정권을 행사한 경우도 드물었다. 그마저도 사장자리를 견디면서 찾아낸 몇 가지 단순 원칙에 따라 결정한다는 사실이 분명해졌다. 이러한 원칙들은 불신과 불안감에 근거한 편집증적paranoiagenic(Kets de Vries and Miller, 1984; Kets de Vries, 2001b) 기준으로 보였다. 예를 들어, 버나드는 직원들이 회사의 수익을 알면 급여를 올려달라고 할까 두려워서 핵심 이사진과 중요한 재정 정보를 공유하지 않았다. 그렇지만 이런 비밀주의는 정보가 잘 반영된 마케팅 결정을 내리는 데 방해요소가 됐다. 버나드는 또한 단기적 수익성을 개선하기 위해 잘못된 비용절감 정책을 시행했다. 이는 장기적으로는 오히려 비용을 늘리는 것으로 판명됐다. 그럼에도 그의 부하 직원들은 버나드에게서 지혜로운 결정이 많이 나온다고 생각했다. 컨설턴트들은 그의 형제들까지도 그를 긍정적으로 평가하는 데 적잖이 충격을 받았다.

롤텍스가 계속 유지되는 유일한 이유는 피터와 사이먼을 포함한 핵심 인재들의 에너지와 기존의 혁신적인 제품 포트폴리오 덕분이었다. 물론, 버나드가 회사에 미치는 긍정적인 영향도 있었다. 그의 존재 자체로 이사진은, 환상일 뿐이더라도, 조직이 통제되고 있다는 확신을 가졌다. 그들은 버나드에게서 자신들이 보고 싶은 것만 봤다. 그리고 버나드는 자신을 둘러싼 환경에 대한 무지로 인해 직원들의 거울전이 게임에 동참했다. 컨설턴트들은 현재 상황이 계속되면 회사에 심각한 결과를 초래할 수 있다는 점을 깨달았다. 하지만 왜곡된 거울전이의 유혹은 강렬하기 때문에 이 마법을 깨뜨리기 위해서는 상당한 노력이 필요했다.

이사진으로부터 송신되는 잘못된 신호와 불안감에도 다행히 버나드는 사태의 심각성을 깨달을 정도의 현실감각을 유지하고 있었다. 부하직원들의 판타지에도 불구하고 그는 자신이 그 자리에 적합한 인물이 아닐 수도 있다는 것을 알았다. 시간이 흘러가면서 그는 컨설턴트들과 신뢰 관계를 구축했다(성공적인 중재를 위한 필수조건이다). 그리고 사장이 된 이후 단 한 번도 행복감을 느낀 적이 없다는 사실을 실토하고 혼란스런 감정을 인정했다. 그는 자기 주변에서 일어나는 사건들로 상당히 당혹해하는 상태였다. 그는 “완전히 소외”된 상태이며 때때로 “비현실적”이라고 느꼈다. 그는 자신이 통제되지 않는 연극 속의 배우라고 생각했다. 그리고 자신이 회사의 발전을 가로막고 있다는 것을 알았다. 그의 진짜 관심은 여전히 음악에 있었다.

퇴행적이고 왜곡된 거울전이 게임의 속성을 그 속에 빠져 있는 참가자들에게 깨닫게 하는 것은 쉽지 않은 일이다. 또한 이를 멈추게 하는 것도 어렵다. 이번 사례에서 컨설턴트들은 세 형제들과 계속 만나면서, 전략이 총체적으로 결여된 상태에서 일관되지 않은 정책을 추진하는 경우의 폐해를 입증하고 현실문제를 강조했다. 컨설턴트들은 건설적이고 긍정적인 분위기를 유지하면서 이런 평가를 전달하기 위해 큰 고통을 감내해야 했다. 잘못된 거울전이의 원인이 되는 희생양을 찾아내는 작업은 그들의 노력을 근본적으로 위협할 수도 있었기 때문이다. 변화는 하룻밤에 이뤄지지 않는다. 그렇지만 점차 컨설턴트들의 노력은 효과를 발휘하기 시작했다. 회사의 문제에 대한 최종적인 해법은 결국 단순했다. 버나드는 그의 형제 사이먼에게 자리를 물려주고 다시 작곡과 연주에 몰두했다.

솔직한 피드백, 건강한 자기비판, 통찰력

롤텍스가 겪은 시련은 왜곡된 거울전이의 위험을 경고한다. 많은 회사의 추종자들이 재능 있는 리더가 회사를 운영하고 있다는 잘못된 믿음의 덫에 빠져든다. 그리고 제대로 된 리더십의 부재 속에서도 현실을 부정하며 마법처럼 무언가 좋은 일이 생길 것이라고 희망한다. 리더/추종자 관계 속에서는 보고 싶은 것만 골라서 보는 현상이 흔하게 발생한다. 이는 현실 인식의 실패와 의사결정 기능이 망가지는 대가로 이어진다.

권위를 가진 인물로서 리더는 추종자들이 어린 시절에 겪은 경험을 되살려내어 거울전이에 빠져들게 만든다. 이를 통해 산만한 자기감을 집중시켜 흔들리는 정체성에 대한 느낌을 확고히 세울 수 있도록 도와준다. 특히 위기가 닥쳤을 때는 이 효과가 더 크다. 많은 리더들이 이런 과정을 싫어하지 않는다. 추종자들이 찬탄과 존경의 눈길로 자신을 바라보면 몹시 만족스러울 수도 있다. 우리 모두는 결국 나르시시즘적 욕구를 가지고 있기 때문이다. 우리는 거울전이 게임에 긍정적 요소 또한 들어 있다는 사실을 부정해서는 안 된다. 거울전이는 격변과 변화의 시기에 필요한 회사의 단합과 애착심을 일정 기간 만들어주기도 한다. 공동의 비전과 헌신적인 행동을 자극해 좋은 결과가 종종 나오기도 한다. 그럼에도, 거울전이 과정에서 왜곡이 발생하는 것을 막기 위해서는 타인으로부터 받은 솔직한 피드백을 감수할 수 있는 능력, 건강한 자기비판과 통찰력이 요구된다. 많은 리더들이 그런 능력을 갖지 못한 상태에서 부하들의 거울전이에 유혹되어 길을 잃는다.

버나드는 벗어날 수 있었다. 그는 거울전이의 마법을 어렵사리 깨트리고 자신과 다른 사람들을 치명적인 주문에서 너무 늦지 않게 구출했다. 그렇지만 많은 경우에는 회사가 파괴적인 내부 상황을 발견하기도 전에 재앙이 일어난다. 유사한 상황에서 다른 방어책이나 처방이 실현될 수 있을까? 불행히도, 상황이 일정 수준을 넘어서면 회사가 준비해둔 대개의 안전 대책들은 작동하지 않는다. 아마도 비생산적인 거울전이 단계에 갇힌 조직을 위한 가장 효과적인 처방은 외부 조력자들의 개입이다. 회사 내부의 거울전이 게임에서 거리를 유지하고 현실을 보여줄 수 있는 사람들이다. 그들이 건설적으로 중재함으로써 방향감각을 상실한 사람들이 다시 자기 위치를 확인할 수 있다.

2장

Leaders, Fools and Impostors

나르시시즘

독재자에 대한 숭배가 정말 골칫거리다.
너의 머릿속에서만 오르내리며
춤을 추는 데 그치는 문제라면
그렇게 나쁠 것도 없을 것이다.
누군가 실제로 독재를 휘두르는 법을 배우게 되면,
진짜 문제는 날짜가 지나가도, 시간이 흘러도,
무엇이 살아있고 무엇이 죽었는지
알 길이 없다는 것이다.

_치누아 아체베, 『사바나의 개미언덕(Ant Hills of the Savanna)』

가끔 나타나는 자신의 전능함에 대한 환상에도 불구하고,
나르시시스트는 자부심을 검증받기 위해 타인에게 의지한다.
그는 환호해주는 관중 없이는 살아갈 수가 없다.
명백히 가족이나 관습적 구속에서 벗어나 있는데도
개인적 삶에서 영광을 누리지도
홀로 설 수 있는 자유를 느끼지도 못한다.
반면에, 불안감은 커진다.
이는 타인의 관심 속에서 반사되어 나온
자신의 "거창한 자아"를 볼 때만 극복할 수 있다.
아니면, 힘과 카리스마, 명성을 뿜어내는
누군가와 자신을 결부시켜야 한다.
나르시시스트에게, 세계는 거울이다.

_크리스토퍼 래시, 『나르시시즘의 문화(The Culture of Narcissism)』

권력에 대한 우리의 반응은 인간 행동에 권력이 작용하는 이중적인 부분을 잘 보여준다. 권력에 대한 욕구를 부정할 사람은 아마 없을 것이다. 하지만 우리는 권력이 우리에게 영향을 미칠 때 느껴지는 불편과 의혹 같은 모순된 감정을 인식하고 있다. 이는 실제로 우리가 권력을 행사할 때도 마찬가지다. 권력에는 인간 행동의 근본적 문제가 함축되어 있다. 강함과 약함, 지배와 종속, 통제와 복종, 다른 사람의 의사에 반해 내 뜻을 실현하는 문제들과 관련되어 있다.

다시 말해, 권력에는 인간으로 존재한다는, 즉 태어나서 서로 의존해야 하고 또 반드시 죽는다는 기본 사실에서 특별한 힘이 생겨난다는 의미가 숨어 있다. 여기에 함축된 의미는 파괴적이고 혐오스럽다.

성장해나가면서, 인생의 가장 이른 시기부터 자기감의 형성과 생존 문제는 우리 자신을 비롯해 우리에 대한 통제권을 가진 영향력 있는 사람들에 의한 권력의 사용 및 남용과 밀접하게 연결되어 있다.

리더십은 권력의 사용이다. 그리고 리더십의 질質은 —좋거나, 비효율적이거나, 파괴적이거나— 권력을 실행하는 사람의 능력에 달려 있다. 대체로 리더가 가진 권력의 원천은 조직이 부여한 계급적 권위에서 나온다. 또한 리더의 전문적 능력, 개념화 능력, 비전과 상상력, 건설적인 대인관계 능력, 그리고 매력, 유머, 결단력 같은 보다 개인적인 특성에서도 기인한다. 그러나 요구되는 또 다른 자질이 있다. 개인적 힘에 대한 느낌a sense of individual potency이다. "시스템을 만들고, 누군가의 비전을 실현하고, 감독하고, 관리하고, 목적을 추구하기 위해 인간을 이끄는, 이런 모든 행위는 리더가 특정 힘의 느낌을 가질 것을 요구한다."(Lapierre, 1989, p.177) 라피에르에 따르면 이런 힘에 대한 느낌은 가장 이른 성장 시기부터 우리에게 남아 있는, 무능과 전능의 원시적 느낌이 문제 없이 잘 어우러진 결과다.

성장 중인 아이의 정신건강은 무력감과 거창한 자기감의 모순 상태에서 엄마가 얼마나 적절하게 반응하느냐와 연결된다. 아이가 자라면서 그리고 자아의 경계를 측정하기 시작하면서 겪는 좌절과 격려의 정도가 나머지 삶 전체를 관통하며 그들이 형성하는 인간관계와 자신과 타인에 대한 인식에 지속적인 영향을 미친다. 부모로부터 보호받는다는 느낌과 무력감 사이에 어떤 불균형이 생겨나면 심리적 상처로 남는다. 양육환경이나 훈육에서 느끼는 좌절감이 무능력한 느낌을 키운다. 그리고 이는 대개 분노, 복수 욕구, 권력에 대한 갈망, 보상으로서의 전능함에 대한 환상으로 이어진다. 이런 역학은 삶 전체를 관통해 계속된다. 자라면서 개인 내부에서 적절하게 해소되지 않으면 리더의 자리에 올라 권력게임을 배울 때 대단히 파괴적으로 다시 나타난다.

권력은 선한 목적으로도, 또 악한 목적으로도 사용될 수 있지만, 이 두 가지 극단 안에서 작용한다는 사실은 인간의 욕구 측면에서 양면적인 요소와 연결된다. 성공, 야망, 유명세를 쫓고 또 앞장서 이끌면서 지배하고 싶은 욕망 자체에는 잘못된 것이 없다. 그러나 도를 쉽게 넘을 수 있는 권력의 속성은 매우 우려스럽다. 개인에게 주어진 권력에 대해 우리가 갖는 공포와 의혹을 뒷받침하는 사례는 문학작품과 역사 속에 넘쳐난다. 무력감과 거창한 자기감, 무능과 전능 사이의 기본적 충돌을 리더 개인이 우선 해결하지 않고 권력게임을 벌이면 무슨 일이 벌어질까? 권력이 남용되면 무슨 일이 벌어질까? 그리고 어린 시절의 상처에 대한 느낌이 필연적으로 권력에 대한 병적인 애착을 낳는 것일까, 아니면 권력을 건설적으로 사용할 수 있는 긍정적 결과를 가져올 수 있을까?

어린 시절의 상처 다루기

프로이트는 정신분석 연구 모임에서 만난 특정 성격 그룹에 대해

1916년 저술에서 "예외the exceptions"라고 이름 붙였다. 그는 셰익스피어의 비극 『리처드 3세』를 인용하여, 요크 공작 리처드(후에 리처드 3세가 된다)의 특권의식과 신체적 기형에 대한 어떤 형태의 보상을 요구하는 그의 주장을 자신의 "거만하고, 거짓되고, 배신적인" 행동에 대한 정당화 근거라고 묘사한다.(Henry Ⅵ, Part Ⅲ, act 5 scene 6)

> 하늘이 내 몸을 이렇게 만들었으니,
> 그에 답하기 위해 지옥이 내 마음을 병들게 놔두리라.
> 나에게는 형제가 없고, 나는 그 어떤 형제 같지도 않다.
> 그리고 노인들이 성스럽다고 부르는 이 '사랑'이라는 단어는
> 모든 다른 사람들 안에는 있을지 모르지만
> 내 안에는 없다. 나는 나 자체로 혼자다.

프로이트는 셰익스피어의 연극 『리처드 3세』에 나오는 유명한 독백("요크의 태양에 의해 불만의 겨울이 가고 찬란한 여름이 도래했다: Now is the winter of our discontent/Made glorious summer by this sun of York")의 의미를 알기 쉽게 다음과 같이 풀어 썼다. "나는 예외가 될 권리를 가졌다. 다른 사람들을 물러서게 만드는 양심의 가책 따위는 무시할 수 있다. 나는 잘못을 저질러도 된다. 이미 잘못이 내게 저질러졌으니."([1916] 1953e, pp.314-315) 그들의 고통이 실제든 상상이든, 이런 트라우마를 가진 사람들은 일반적인 행동규칙이 자신에게는 적용되지 않는다고 믿는다. 그들은 위반할 수 있게 허락되었다. 그들은 자

신이 선택되었다고, 특권이 주어졌다고 여긴다. 운명이 자신에게 특별한 임무를 부여했다고 믿는다. 이러한 신념은 그들이 무력감을 감추기 위해 길러낸 전능함에 대한 보상적 감정에서 비롯된다. 그들의 무책임, 무모함, 그리고 경계를 넘나들 수 있는 특권은 정당하다. 왜냐하면 운명 혹은 숙명이 마술처럼 그들의 선택을 결정짓기 때문이다. 그들은 결코 실수를 하지 않는다.

에릭슨Erikson(1963)은 히틀러가 자서전 『나의 투쟁Mein Kampf』에서 그려낸 이미지에서 운명의 특징을 언급하는 방식에 주목했다.

> 그와 관련된 독일 우화는 히틀러가 단순히 부모가 그곳에 살았기 때문에 브라우나우에서 태어났다고 이야기하지 않는다(아니다, 그곳은 "내 출생지로 정해진 운명"이다). 그것은 자연스런 만물의 법칙 때문이 아니라 일어나야 할 때 일어난 일이다(아니다, 그가 "두 번의 전쟁 사이에, 조용하고 질서가 있는 시기에 태어난 것"은 "운명의 부당하고 비열한 속임수"였다). 그가 가난했을 때, "가난은 그녀의 팔로 나를 붙잡았고", 그가 슬플 때, "슬픔이라는 여인은 나의 양어머니였다." 그러나 이 모든 "운명의 잔인함"에도 그는 나중에 "하느님의 지혜"라고 칭송했는데, 왜냐면 그 운명이 "모든 지혜의 잔혹한 여왕"이라는 자연의 순리로 그를 단련시켰기 때문이다. …… 그가 독일보병이 될 수 있도록 "운명은 친절하게 허락했다." 그때…… 그는 자신의 첫 혁명을 변호하는 법정 앞에 서서 "역사의 여신이 내릴 궁극의 심판이 배심원의 판결을 미소 지으며 찢어발길 것"이라고 확신했다.

운명, 지금 기만적으로 영웅을 좌절케 하는 운명이여, 이제는 그를 영웅으로 기쁘게 받아들이고 어리석은 노인들의 판결을 찢어버려라(이것은 독일이상주의의 많은 부분에 퍼져 있는 유아적 표현이다).

히틀러의 성격 유형이나 장애에 대해 풍부한 임상적 설명을 제공하는 정신질환 관련 문헌들은 많다. 그런데 히틀러의 권력 남용에 대한 글을 쓸 때 생기는 특별한 문제는, 그가 독일과 유럽에 가한 공포가 워낙 크기 때문에 그의 내면을 제아무리 분석하려 해도 충분한 설명이 되지 않는다는 점이다. 최악의 경우에는 단순히 음모론에 그치고 만다. 히틀러가 근본적으로 개인적 트라우마를 가지고 있다는 증거는 그가 직접 쓴 글 속에 수없이 나타난다.

히틀러는 할아버지라고 불러도 충분할 만큼 나이가 든 엄격하고 인정사정없는 남자에 의해 길러졌다. 그의 아버지는 습관적으로 아내와 아이들을 두들겨 팼다. 그저 예술가가 되고 싶었던 히틀러는 아버지의 반대뿐만 아니라 타고난 능력 부족으로 소망을 이룰 수 없었다. 그가 살아 있는 동안, 그가 죽은 이후에도 마찬가지로, 히틀러와 가까웠던 많은 사람들이 그의 성적 불능을 의심했다. 그가 젊은 시절 감염됐던 매독의 후유증으로 고통을 받았다고 믿었다. 그리고 그를 "중성인간"으로 묘사했다. "정상적인 출구를 찾지 못한 불안한 에너지가 우선 그의 동료들을 굴복시키면서 보상을 찾았고, 다음에는 그의 나라, 다음에는 유럽 전체……. 성적인 무인지대에 살면서 그는 단 한 번을 제외하고는 어떤 여자도 발견하지 못했고 그에게 구원

을 가져다줄지도 모르는 남자조차도 찾지 못했다."(Hanfstängl, 1957, pp.22, 52)

아마도 불공정하고 변덕스러운 성인의 권위에 대한 히틀러의 인식이 신체적 결함과 합쳐져서 분노와 증오가 내면화하는 데 기여했을 것이다. 그는 스스로의 내면에서 이를 해소하지 못하고 외부세계로 투사했다. 결과는 바로 2차 세계대전, 강제수용소, 집단학살의 공포로 나타났다.

하지만 어린 시절의 상처에 대한 기억이 필연적 결과로 이렇게 개인적 캐릭터의 파괴적인 투영으로만 나타날까? 반드시 권력을 이렇게 비정상적으로 휘두르게 만들까? 스웨덴 영화감독 잉마르 베리만의 자서전은 다른 가능성을 제시한다. 베리만은 폭력으로 고통받던 어린 시절에 대해 고백했다. 그럼에도 그는 영화라는 매개체를 통해 창의력을 발휘하며 상처를 이겨내는 데 성공했다.

> 우리의 양육방식은 대부분 원죄, 고백, 벌, 용서와 은총 등, 아이와 부모 그리고 신과의 관계에 존재하는 구체적인 요소들에 근거했다. 이 모든 개념들에는 내재된 논리가 있는데 우리는 이를 이해하고 받아들였다고 생각했다. …… 우리는 자유를 들어보지도 못했고 무슨 맛인지는 알지도 못했다. 계급적인 구조 속에서 모든 문은 닫혀 있었다.
>
> 그래서 내려지는 벌은 다른 설명이 필요치 않았고 질문도 허용되지 않았다. 빠르고 간단했다. 얼굴을 후려치거나 엉덩이를 때렸다. 하지만 어떤 때는 매우 복잡하고 정교하게 이뤄지기도 했다.(1988, pp.7-8)

베리만의 회상에 따르면 이러한 양육의 결과는 대단히 극적이다.

> 내 형제는 자살을 시도했고, 누이는 가족을 위해 고민의 여지도 없이 낙태를 강요받았다. 나는 집에서 도망쳤다. 내 부모는 시작도 끝도 없이 영원히 지속되는, 진이 빠지는 상태에서 살아갔다. 그들은 의무를 다했고, 엄청난 노력을 했고, 자비를 베풀어달라고 신에게 호소했고, 그들에게 아무런 쓸모가 없는 믿음과 가치, 전통을 가지고 있었다. 아무것도 그들을 도와주지 않았다. 우리 드라마는 목사관의 무대에 밝은 조명이 켜지기 전에 끝나버렸다. 공포가 공포를 낳았다.(pp.139-140)

그런데, 베리만이 자주 겪어야 했던 강제처벌에는 흥미로운 형태가 있었다.

> 그 중에는……, 어둠을 무서워하는 아이에게 매우 괴로울 수 있는 즉흥적인 벌이 있었다. 특별한 벽장 안에 갇히는 것이다. 부엌에서 알마가 그 특별한 벽장 안에는 말썽꾸러기 아이의 발톱을 갉아먹는 작은 괴물이 살고 있다고 우리에게 이야기했다. ……
> 이런 형태의 벌이 주는 공포는 내가 해결책을 마련할 때까지 계속됐다. 나는 벽장 구석에 빨간색과 녹색불이 켜지는 손전등을 숨겼다. 벽장에 갇히면 나는 어둠 속을 더듬어 전등을 찾았고 벽에다 불빛을 비추며 내가 극장에 있다고 상상했다.(p.9)

우리가 만약 직업 선택에 대해 환원주의적 관점을 어느 정도 취한다면, 베리만의 이후 영화 경력을 위한 많은 토대가 이러한 어린 시절 경험한 공포를 이겨내려는 시도로 이루어졌음을 알 수 있다. 베리만이 어린 시절 사용했던 전등은 결국 마법의 빛이 보여주는 매력적인 영상으로 나타났다. 그는 공포를 이겨내는 건설적인 방법을 통해 영화 제작의 선두 주자가 되어 다른 사람들에게 많은 즐거움을 안겨주었다.

그가 내면의 악마를 완전히 극복할 수 있었다는 말을 하려는 것은 아니다. 자서전에도 기록했듯이 베리만은 그의 인생 내내 심리적인 불안 등 여러 문제로 고통을 겪었다. 위궤양, 만성불면증, 끊임없는 혼외정사, 그리고 자신이 영화를 계속 만들 수 있을까 하는 악몽을 반복해서 꿨다. 우울감은 그에게 마치 "검은 새떼"처럼 내려왔다. 그는 내면의 악마들을 통제하기 위해 정교한 의식을 가졌다. 동시에, 그는 이런 우울감을 창조적인 노력으로 바꿀 능력을 가졌다. 찬장 속에 갇히는 공포를 이겨내기 위해 색깔이 들어간 전등을 사용하는 것과 비슷한 방법이었다.

조직 속의 나르시시스트
: 리더가 된 순간 리더의 자질을 잃어버리다

이런 극적인 사례를 벗어나 이제 비현실적 자기 전능감이나 문제가 있는 자기감을 가진 개인이 조직의 기능에 어떤 영향을 미칠 수 있는지를 사례로 살펴보자. 많은 독자들이 자신의 조직에서 그 정도는 다르겠지만 유사한 예를 목격했을 수도 있다.

해리 랭그너(가명)는 심각한 우울증과 스트레스 증상으로 내게 상담을 요청했다. 그는 텔라(가명)라는 기업의 사장직에서 5년 만에 강제로 사임당한 후 이런 증상들이 생겨났다. 텔라는 음식 관련 사업을 하는 유명한 회사였다. 40대 초반의 이른 나이에 사장으로 임명된 그 순간은 현기증이 날 정도로 고공비행을 하던 그의 커리어의 정점이었다. 전임자가 직접 그를 선택했고 사장직을 물려받을 수 있게 관리했다. 그리고 이사회의 전반적인 승인을 이끌어냈다. 그렇다면 그 이후에 무엇이 잘못된 것일까? 랭그너는 영광의 순간에서 비참할 정도로 왜 그렇게 빨리 추락했을까?

퇴임하는 사장과 회사의 다른 이사들이 칭찬한 랭그너의 자질, 즉 협업에 능하고 회사 경영에 기여한 전문적인 지식과 책임감 등은 그가 CEO가 되는 순간 사라져버렸다. 승진 전에 그를 알았던 많은 사람들이 하룻밤 새 그가 완전히 다른 사람으로 변한 것 같다고 이야기했다. 대부분이 그가 점점 독선적으로 변하고 다른 사람들의 말에 귀를 기울이지 않는다고 비난했다.

CEO로서 랭그너가 취임 즉시 착수한 일은 큰 비용이 들어가는 적지 않은 수의 프로젝트들이었다. 첫 계획은 기업의 본사를 북쪽 지역으로 이전하는 것이었다. 명목상으로는 주요 시장과 더 가까운 곳으로 옮긴다는 것이었지만 진짜 이유는 북쪽에 위치한 그의 대저택 때문이라는 비판이 회사 내에서 제기됐다. 일련의 사치품 구매도 이어졌다. 랭그너와 최고경영진을 세계 곳곳으로 실어 나를 두 대의 회사 제트비행기와 주요 고객들을 접대할 목적이라고 주장하며 주문제작 요트를 사들였다. 실제로 요트는 랭그너가 친구들과 먼 바다로 낚시를 갈 때 주로 쓰였다.

랭그너는 비교적 전통적이었던 회사 이미지를 트렌드를 선도하는 주자로 바꿔나간다는 목표를 내세워 4년이라는 기간을 설정한 후 두 가지 주요 조직 개편에 착수했다. 그 기간 동안 회사가 고용한 컨설턴트 부대가 이뤄낸 유일한 가시적 결과는 조직의 심각한 불안정뿐이었다. 장기간 근속했던 유능한 직원들이 떠나갔고, 그 결과 조직의 사기가 저하됐다. 문제 있는 여러 건의 인수합병이 회사의 다른 부분과의 조화에 대한 고려 없이 무분별하게 이뤄졌다. 텔라는 수년 만에 처음으로 적자를 기록하기 시작했다. 주가는 급격히 하향곡선을 그렸다.

회사가 손실을 보기 시작하는데도 랭그너의 급여와 상당한 규모의 특혜는 그대로 유지됐다. 그는 수익이 곤두박질치는데도 전혀 개의치 않는 것처럼 보였다. 회사가 증가하는 재정적 문제로 곤란을 겪을 때 그는 열정적으로 파리 근교의 고성古城에서 열리는 회의를 계획했고 비용을 아끼지 않았다. 회사 임원과 손님들을 태울 헬리콥터를 빌리고, 많은 정치인들에게 고액의 강연료를 지불하고, 미슐랭 스리스타 프랑스 주방장을 고용해 연회를 준비했다. 이때쯤 랭그너의 독재적 스타일과 위험한 행동은 그나마 남아 있던 그의 회사 측근들마저 떠나가게 만들었다. 회사 내에서 솔직한 의견 교환의 기회는 사라져버렸다. 좋은 아이디어들은 무시되고 시들어 버려졌다. 고위직들의 사임이 뒤따랐고 주식은 지속적인 매도세로 사상 최저가를 이어갔다. 조직 내에는 장례식 같은 분위기가 팽배했다.

랭그너는 그에게 다가가려는 직원들에게 귀를 닫고 있어서 회사의 문제를 잘 파악하지도 못했다. 그가 자신이 부분적으로 소유한 다른 회사에 저금리의 대출을 승인했을 때 마침내 폭탄이 터졌다. 대출에 따른 이해충돌 문제는 이사회가 그에게 사임을 요구할 구실을 줬다. 그는 자신이 그 회사의 경영을 맡고 있지 않기 때문에 이해충돌의 여지가 없다고 항의했으나 랭그너는 결국 사임당할 수밖에 없었다.

몇 주가 흘러 우울감이 가장 깊게 짓누를 때 랭그너가 나를 찾아왔다. 그의 첫 번째 상담치료였다. 그는 나를 찾아오기 전에 관련 주제에 대해 상당히 많은 양의 자료를 찾아 읽고 미리 상담을 준비했다. 방문을 열고 들어온 그는 상당히 인상적인 모습이었다. 아르마니 양복, 구찌 구두, 파텍 필립 시계 등 구석구석 잘 차려입은 그는 거침없이 전문 임상 용어들을 구사했다. 방에 들어와 그가 한 첫 번째 행동은 정치와 예술 세계의 유명인사들과 함께 찍은 사진이 들어간 신문기사 스크랩들을 가방에서 꺼내드는 것이었다. 그는 주저하지 않고 자신에 대한 이야기를 늘어놓았다.

랭그너는 자라면서 항상 자신이 화제의 중심이었다고 회상했다. 그의 부모는 아들의 잘생긴 용모를 자랑하고, 손님들이 찾아오면 옷을 잘 차려입히고 그에게 노래를 시켰다. 그는 사람들이 자신 주변에 둘

러앉아 노랫소리에 환호하는 모습을 생생히 기억했다. 그는 언제나 재능이 넘치고 앞으로 촉망받는 인재가 될 것이라고 평가받았다. 그의 어머니는 선생님들을 설득해서 그를 1년 빠르게 고등학교에 입학시켰다. 회상에 잠겨 그는 때때로 그 선택이 현명한 일이었는지 의문을 품는다고 말했다. 결과적으로 그는 그로 인해 많은 압박을 받았고 친구들을 잃었기 때문이다. 그의 부모가 진짜 자신의 욕구에는 완전히 무관심한 채 외적인 성공의 상징, 예를 들어 잘생긴 외모나 학교 성적에만 관심을 보였다고 말했다.

랭그너는 훌륭한 고등학생이었고 졸업앨범에는 가장 성공할 가능성이 큰 인물로 기록됐다. 그는 아이비리그 대학에 입학했고, 그곳에서는 예전처럼 모든 일들이 쉽게 이뤄지지 않는다는 사실에 큰 충격을 받았다. 성적을 올리기 위해 그는 태어나서 처음으로 열심히 공부를 해야 했다. 여자들과 어울리는 시간 때문에 더욱 어려운 일이었다. MBA 학위를 받은 뒤, 랭그너의 가장 큰 고민은 제안받은 여러 일자리 중에 어느 회사를 선택하느냐는 것이었다. 그는 가장 성공적으로 면접을 치른 구직자였다. 면접관에게 호감을 주는 것은 그에게 세상에서 가장 쉬운 일이었다. 평소에 미디어에 대한 관심이 있었고 또 그 화려함에 이끌려 그는 자연스럽게 광고업계에 뛰어들었다. 그는 첫 직장으로 텔라의 자회사를 선택했다. 그리고 열정적인 자세와 자기 확신으로 연달아 고속승진을 거듭했다.

부드러운 분위기에서 몇 번 재촉하자 랭그너는 자기 성격의 몇 가지 어두운 측면을 인정했다. 자신이 맺는 인간관계가 항상 뭔가 한쪽으로 치우친 상태일 수 있다고 이야기했다. 그는 자신의 업무결과가 찬탄을 받는 것을 당연하게 여겼다. 자신이 재능을 타고났다고 생각했다. 그리고 타인이 노력한 결과에는 진심으로 관심이 느껴지지 않아 매번 흥미가 있는 척 태도를 꾸며야 했다. 그의 아이디어에 재빠르게 열정적으로 대응하지 못한 부하직원들은 곧 자신이 소외되고 있음을 알아차렸다. 랭그너는 자신의 화를 돋우면 당사자의 직장생활에 도움이 되지 않는다는 것을 인정했다.

그는 경쟁자를 불리하게 만들기 위해 무리수를 썼던 두 번의 사례를 이야기했다. 영리하게 대처할 줄도 알았지만 잔인하게 복수할 줄도 알았다. 랭그너는 상사들을 유혹하기 위해 그의 재능을 최대한 발휘했다. 그는 자신의 장점을 보여주는 데 능숙했고 정치게임을 할 줄 알았다. 이것이 효과가 있어서 사장 자리에 오를 수 있었다. 적어도 한동안은. 어쨌든 최고의 자리에 오른 후 그는 도를 넘어섰다. 무슨 이유에선지 일반적인 행동규칙이 자신에게는 적용되지 않는다고, 또 자신이 규칙 위반행위를 하더라도 책임을 면할 수 있다고 믿었다. 하지만 게임은 그의 손아귀를 벗어났다. 그의 자세가 조직에 가져온 혼란으로 직원들은 흔들렸고 회사는 거의 파산에 이르렀다.

나르시시스트 스타일

해리 랭그너 같은 나르시시스트의 성격은 최고경영자의 자리에서 자주 보인다. 실제로 많은 나르시시스트들에게서 볼 수 있는 권력과 특권, 화려함에 대한 욕구는 마침내 그들이 리더의 자리를 차지하게 만든다. 다른 사람들을 조종하는 능력, 극적인 상황에 대한 감각, 재빠르게 피상적인 인간관계를 만들어내는 재주는 그들이 조직생활에서 두각을 드러내게 한다. 그들은 위대함, 명성, 권력에 대한 욕구를 충족시킬 수 있는 분야에서 놀랄 만한 성공을 이뤄내기도 한다.

문제는 어느 정도의 나르시시트적 행동이 조직생활에서 성공하는 데 필요할 수도 있지만, 다른 모든 행동들과 마찬가지로 그 한계가 중요하다는 것이다. 적절한 수준은 조직이 효과적으로 기능하는 데 도움이 된다. 리더의 과장된 행동과 자신감 그리고 목표지향적인 자세는 전반적으로 조직의 사기를 끌어올린다. 비틀거리는 조직에서 이런 캐릭터는 내부와 외부의 위기신호에 대한 각성뿐만 아니라 반드시 필요한 단합을 이끌어낼 수도 있다. 게다가 많은 경영진이 부하들을 자신의 수족처럼 다루는 태도를 꼭 부정적으로만 바라볼 필요도 없다. 리더가 자신의 비전과 전문지식을 추종자들이 공유할 수 있게 허락한다는 점은 긍정적인 측면이다. 이를 통해 배움과 승진의 기회를 제공한다. 분명 이런 종류의 리더십은 위기에 빠진 조직에 특히 효과적이다. 동기부여와 자극을 위해 열정과 목적의식이 필요하기 때문이다.

불행히도 나르시시스트 성향을 가진 리더가 고취시키는 이런 흥분감은 일시적일 때가 많다. 쉽게 가라앉아 사라진다. 그리고 차츰 과도한 나르시시스트 성향의 어두운 측면이 드러난다. 비록 리더 본인은 대개 큰 잠재력을 가진 사람으로 받아들여지지만, 시간이 흐르면서 무언가가 결여되어 있음이 드러난다. 애초의 약속은 결코 제대로 이행되지 않는다. 이런 리더들에게는 업무에 따른 책임보다 권력과 특권이 훨씬 중요하다. 그들의 에너지는 회사의 장기적 목표보다는 자신의 입지를 다질 수 있는 정치적 방편을 위한 프로젝트에 쓰일 확률이 더 높다. 그들의 주 관심사는 자신의 조직 내 중요성과 지위의 보전이다. 그리고 조직이나 다른 사람들이 필요로 하는 것들에 대해서는 아랑곳하지 않는다. 그들의 억제되지 않는 행동, 독선, 오만, 조직 구조와 기능에 대한 무관심, 그리고 추종자 간의 솔직한 의견 교환을 받아들이지 못하는 태도는 조직의 기능을 손상시키고 내부와 외부의 변화에 적응하는 것을 막는다. 결과적으로 다른 사람들을 정책 입안으로부터 배제하고 비판을 용납하지 않으며 협의를 꺼리게 만들어 조직에 심각한 부정적 영향을 미칠 수밖에 없다.

리더의 가장 중요한 역할 중 하나는 부하들의 정서적 욕구를 인식하고 수용하는 것이다. 지나친 나르시시즘 성향을 가진 리더는 전형적으로 부하들의 정당한 요구를 무시하고 충성심만을 이용한다. 이러한 유형의 리더는 착취적이고 냉담하며 또 지나치게 경쟁적이고 종종 과도하게 부하들을 모욕하기도 한다. 이러한 행동은 순종성과 수동적 의존성을 조장하여 부하들의 비판적 기능을 억압한다. 슬프게도, 이런 리더는 자신의 행동방식에 대해 거의 의심을 품지 않는다. 대개는 심각한 개인적 어려움이 닥칠 때라야 —신체적 노화, 경력 단절, 결혼 문제, 혹은 업무나 인간관계에서 점점 더 공허해지는 느낌— 그들에게 무슨 일이 일어나고 있는지 그리고 왜 그런지에 대해 궁금해하기 시작한다.

랭그너는 이런 나르시시스트 성향의 많은 특징을 보여준다. 어린 시절 자기감 형성 단계에서 입은 상처는 이후에 과잉 보상을 추구하는 행동양식으로 나타났다. 겉으로 보기에 그의 부모는 그를 잘 대했다. 그는 부모들에게서 집중된 관심을 받았고, 덕분에 훌륭한 교육을 받았고 좋은 생활환경에서 자랐다. 그러나 그는 아마도 자신의 정체성에 대한 확신을 키우기 위해 필요한 심리적 공간은 결코 허락받지 못했을 것이다. 그만이 느끼는 개인적 감정은 부모에 의해 무시됐다. 자신의 외모를 스스로 꾸미지도 못했다. 외부적인 성취와 성공을 향한 관심은 아이의 진짜 본성에는 눈을 돌리게 했다. 그들은 아이를 통해 성공에 대한 대리만족을 추구했다. 그들이 아이에게 보여준 사랑은 환상일 뿐이다.

성인으로서 랭그너는 성숙한 자기감을 갖지 못했다. 아이는 자신의 존재만으로 다른 사람들에게 인정을 받을 때 스스로 편안한 마음을 지닐 수 있고 자존감을 키운다. 이런 과정이 결핍되면 자기주장과 자기표현을 통해 보상을 받으려고 몸부림치게 된다. 랭그너의 사례를 보면 리더의 자리에 오른 순간 그는 자신의 중요성과 특권에 대한 비현실적인 판타지를 해방시켜 실행하기 시작했다. 손에 쥔 권력을 회사의 실제 상황에 맞추기보다는 이런 판타지를 실현시키기 위해 휘둘렀다. 그의 행동이 야기한 많은 피해는 한 개인의 부적절한 권력 행위가 거대한 조직에 끼칠 수 있는 위험을 여실히 보여준다.

나르시시스트 리더를 어떻게 제어할 것인가?

추종자들은 자신에게서 보고 싶어 하는 긍정적 측면을 리더에게서 보고 있다는 믿음, 즉 거울전이를 한다. 자신이 되고 싶어 하는 모습을 리더라는 거울을 통해 보는 것이다. 상상할 수 있듯이, 나르시시스트 성향을 가진 사람이 리더가 되면 특히 이 효과에 취약하다. 리더로서 기능하기 위해서는 일정 정도의 나르시시즘이 필요하다. 그러나 불행히도 리더의 자리에 있다는 사실 자체가 나르시시즘을 과도하게 고양시킨다. 모두가 그 자극에 이성적으로 대처하지는 못한다. 개인들과 전체 조직은 쉽게 리더의 거울전이 효과에 수반되는 퇴행적 관계 패턴에 갇히고 만다. 나르시시스트인 리더의 자아비판 능력 결여와 자기자신과 거리를 유지할 줄 모르는 기질로 인해 이런 관계 패턴은 필연적으로 더 악화된다.

불행히도 거대 조직에서 운영되고 있는 전통적인 안전과 점검 시스템으로는 피해가 발생하기 전에 나르시시스트 성향을 가진 리더의 위험신호를 대개는 밝혀내지 못한다. 지금 이곳에서 이야기하는 강한 나르시시즘과 해리 랭그너의 피해 사례는 대체로 그런 성향의 개인이 권력을 가진 자리에 오른 뒤, 또는 한동안 권력을 행사한 뒤에 처음으로 나타난다.

유감스럽게도 이런 잠재적인 문제를 예방하기 위한 해답은 준비되어 있지 않다. 늦기 전에 이런 현상을 인식해내는 것이 하나의 방법이다. 하지만 앞에서도 언급했듯이 이것이 쉬운 일은 아니다. 결국에 조직의 안녕은 리더가 얼마나 건강한 자기 인식과 평정심, 관점을 가졌는지에 크게 의존할 수밖에 없다. ICI(Imperial Chemical Industries)의 전임 회장이었던 존 하비 존스 경은 이 문제에 대해 분명한 이해를 하고 있었다. 그는 자서전에 이렇게 썼다.

> 분명 최고의 자리에 올라가면 따라오는 위험이 있다. 나는 아부의 위험성과 권력의 효과에 대한 나의 두려움을 여러 번 이야기했다. 이를 하나라도 피하기는 거의 불가능하다. 대개는 두 가지를 모두 맞닥뜨리기 마련이다. 이런 위험요소들은 자신을 돌아보는 능력을 위협하고 애초의 동기를 명확히 기억하기 힘들게 만든다.
>
> 결국은 자신의 이상에 의지해야 한다. 자신이 지향하는, 남겨지고 싶은 종류의 사람, 마음속에 그려둔 이미지를 기억해야 한다. 나는 이렇게 자신이 염원하는 이상적 초상화를 마음속에 품고 있어야 한다고 생각한다. 도리언 그레이처럼 내가 그 그림에서 얼마나 멀어졌는지를 점검해보기 위해 안전한 곳에 보관하고 있어야 한다. 실제로는 매우 힘든 일이긴 하지만, 제때 무슨 일이 일어나고 있는지 파악할 수만 있다면 자신 스스로에게 상당부분 의지하는 것도 가능한 일이다.(1988, p.227)

슬프게도 모든 리더들에게 이런 통찰력이 있지는 않다. 오히려 많은 이들이 아부를 기꺼이 받아들일 준비가 되어 있을 뿐이다. 일부 리더들은 마침내 이런 반응은 물론 자신이 그런 주목을 받는 것은 당연한 일이라고 생각한다. 이런 행동에 대한 해독제는 일종의 현실적 실용주의 자세다. 이에 대해 전 미국 대통령 해리 트루먼은 이렇게 표현한 적이 있다. “나는 하루 종일 이곳에 앉아 사람들에게 무언가를 하라고 설득한다. 그런데 그 일들은 내가 설득하지 않아도 당연히 스스로 해야 한다고 느껴야 할 그런 것들이다. …… 그것이 대통령에 주어진 합당한 양의 모든 권력이다.”(Neustadt, 1960, pp.9-10 인용)

트루먼은 자신이 가진 권력의 한계를 과장했는지도 모른다. 하지만 적어도 그는 균형감을 잃지 않았다. 그의 자기감은 지위가 높은 사무실에 앉아 있을 때 따라오는 유혹들을 견디기 충분할 만큼 강했다. 정치인 애들레이 스티븐슨은 이런 이야기를 했다고 알려졌다. “아부는 당신이 들이마시지 않는 한 문제없다.” 문제는 많은 사람들이 들이마신다는 것이다. 권력은 강력한 마약이다. 생기를 불어넣고, 삶을 지속시키고, 중독성이 있다. 권력을 가진 사람들은 이를 얻기 위해 다른 사람들보다 더 열심히 일하며 끝끝내 놓지 않으려고 애를 쓴다. 이런 중독은 조직과 개인에게 완전히 다른 측면의 권력 관련 문제를 발생시킨다.

3장

Leaders, Fools and Impostors

리더의 자리에서 내려올 때

알면 알수록 얼마나 아는 것이 없는지 알게 된다.
좌절에는 끝이 있지만 무지에는 끝이 없다.
자신의 무지에 대한 좌절감을 해결할수록
그로 인한 삶의 피해를 고쳐나갈수록
이는 다시 자신의 무지에 대한 실망으로 이어진다.
더욱더 자신의 무지를 사랑하고 받아들일 수 있다면
지금 자신이 모르는 것들로부터 모든 새로운 것들이 다가올 것이다.

_클리포드 스콧, 『누가 윌프레드 비온을 두려워하는가?
(Who Is Afraid of Wilfred Bion?)』

권력의 자리에 오른 사람은 빠르든 늦든 언젠가는 그 자리에서 내려와야 한다. 권력을 내려놓는 것이 어느 정도의 긍정적 또는 부정적 경험이 될지는 당사자와 주변환경에 크게 좌우된다. 이는 삶의 미리 계획된 단계(정년)에서 일어나든, 자발적 아니면 강요된 정리해고를 통해서든, 조직적 아니면 정치적 쿠데타를 통해서든, 또는 가장 극단적인 모습인 건강문제나 죽음을 통해서 일어나든 간에 사람들에게 파괴적인 영향을 미칠 수도 있고 때로는 폭력적인 행위처럼 비춰질 수도 있다.

리더에게 권력을 포기하는 것은 특히 어려운 일이다. 그들은 자신의 지위에 수반되는 대중의 시선을 삶의 중요한 요소로 생각한다. 그러므로 다수의 시선에서 벗어나 사적 영역으로 물러서는 것은 그들에겐 엄청난 반전이다. 그들은 강력한 권력을 가진 기관과 자신을 동일시하는 데 익숙해져 있다. 또한 다른 사람들에게나 정책, 재정, 공동체에 대해 자기주장을 하고 영향력을 미칠 수 있다고 생각한다. 다른 사람들을 이끄는 리더로서 자신의 중요성을 끊임없이 확인받아왔다. 그들은 최고의 자리에 올랐고, 이제 다음에 무엇을 할 것인가라는 질문은 굉장히 중요하다.

권력을 내려놓기 어려운 이유들이 있다. 왜 많은 리더가 자신들이 할 수 있는 모든 일을 성취했거나 더 이상 자신의 성과에 만족하지 못하면서 고립되거나, 텅 비어 있거나, 충족되지 못하는 느낌을 받을 때조차도 힘을 가진 자리에 머무르겠다고 주장하는지를 알 수 있다. 그들은 더 이상의 도전의식도 명확한 방향감각도 유지하지 못한다. 나는 이런 현상에 'CEO 우울증CEO blues'이라는 이름을 붙였다. 이런 후유증은 권력에 너무 오랜 기간 머물렀을 때 발생한다. 인생의 후반부에 CEO의 자리에 오른 사람들은 이런 후유증을 심하게 겪지 않는다. 특히 은퇴해야 하는 나이가 정해져 있을 때는 아무래도 더 쉽다. 정해진 임기를 갖고 일을 하면 그렇지 않은 사람들에 비해 긴장감과 도전의식을 더 강하게 유지하는 경향이 있다. 권력을 쥐었을 때의 첫 느낌이 더 오래간다. 비교적 이른 나이에 최고의 자리에 오른 CEO들은 긴 임기로 인해 심각한 문제에 빠져들 수 있다. 그들이 이룬 이른 성공은 다른 사람들이 따라 하기 어려운 성취다. 그들은 최고의 자리에 오른 다음, 놀랄 정도로 짧은 시간 안에 다시 비슷한 성취를 이뤄내기 위해 무엇을 해야 할지 필사적으로 알아내려 한다. 어느 시점에서는 이제 충분하다고 말할 수 있어야 하고 다른 사람에게 고삐를 쥐어줄 시간이 됐다고 결정할 줄 알아야 한다. 한때 데커 케미컬(가명)의 CEO였던 맷 굿디는 이렇게 말했다.

나는 언제나 기진맥진했다. 그리고 다른 사람들이 내가 집중력이 떨어지고 지쳐 있다는 사실을 알아채지는 않을지 노심초사하느라 대부분의 에너지를 소진했다. 그래서 상황은 갈수록 더 악화됐다. 그건 아드레날린이 솟아나는 그런 건강한 느낌의 피곤함이 아니었다. 흥분감이 느껴지지 않았다. 모든 것이 진부하게 다가왔다. 회의시간 내내 앉아 있곤 했지만 나중에 누군가 물어오면 무얼 첫 번째로 논의했는지 기억조차 해낼 수 없었다. 지금까지는 무척 잘해왔지만 이제는 갈피를 잡을 수가 없었다. 물론, 사람들이 낌새를 챘다. 수군대는 소리가 여기저기서 들려왔다. 나는 자꾸 뒤를 돌아보고 누군가를 피하는 등 피해망상을 보이기 시작했다. 손끝으로 간신히 매달려 있는 느낌이었다.

나는 이렇게 혼잣말을 하곤 했다. "버티자. 아직 견뎌야 할 세월이 남아 있어." 나는 너무 이른 시간에 자신을 모두 소모시켜버린 것 같아 두려웠다. 내 안에 아무것도 남아 있지 않은 것처럼 느껴졌다. 아침에 운전하면서 출근하다가도 차를 돌려 집으로 돌아가고 싶은 충동과 싸워야 했다. 회사가 시장점유율을 잃어가기 시작할 때, 나는 내 심리상태에 일정부분 책임이 있다는 사실을 알고 있었다. 적어도, 내게는 탈출구가 보이지 않았고 그건 그 상황에 대한 내 책임을 의미했다. 나는 내가 도망가길 원한다는 사실을 깨달았다. 하지만 회사와 나를 위해 보다 긍정적인 조건으로 내가 퇴임할 방법을 찾는 데는 시간이 좀 걸렸다. 피해가 너무 컸고 시기도 너무 빨랐다.

빠져나와서 다른 방향을 찾는 것은, 이른 나이에 커리어의 정점을 찍은 굿디 같은 비교적 젊은 사장에겐 현실적 대안이 될 수 있다. 그런데 다음에 무엇을 해야 할지에 대한 대답이 은퇴라는 사실을 아는 나이 든 리더들은 완전히 다른 문제들과 부딪혀야 한다. 은퇴 날짜는 그들에게 어렵고 고통스러운 여러 가지 현실과 맞닥뜨리게 한다. 소넨펠드(1986)는 이런 현실을 상실감이라고 규정했다. 희망, 건강, 활력 그리고 일(삶의 중요한 행위)의 상실 가능성이다. 이는 당사자의 미래에 대한 믿음을 위협한다. 명성, 대중과의 만남 그리고 그 기회에 대한 상실이다. 타인의 관심, 영향, 피드백에 대한 상실이다.

종종 이런 상실감은 정상에 도달하기 위해 이미 개인으로서 잃었던 것들을 다시 상기시키면서 더욱 악화된다. 배우자와 아이들 그리고 친구들과의 좋은 관계, 그리고 개인적인 흥미 거리를 추구할 시간을 희생한 것에 대한 아쉬움이 깊어진다. 권력에 매달리는 것은 이런 부정적인 감정들과 부닥쳐야 하는 현실을 피하기 위한 방편이 된다.

이런 개인적인 고충들이 존재하는 것은 쉽게 이해될 수 있다. 그런데 인간심리 속에 깊이 숨겨져서 발견하기 어려운 다른 요소들도 존재한다. 우리는 자신의 탈출구에 많은 장벽을 세운다. 가장 명백하고 표면적인(결코 중요하지 않은 것은 아니지만) 이유는 개인으로서 줄어드는 소득 문제와 사회적 고립감이다. 정년 전에 떠나는 것은 연금 자격에 결정적인 영향을 미칠 수 있고 이는 수입 감소로 이어진다. 배우자와 아이들 또한 권력을 내려놓지 못하게 하는 압력으로 작용할 수 있다. 그들은 권력자의 가족으로서 누리던 혜택과 의전에 익숙해져 있거나 비슷한 가처분소득을 가진 사람들과 교제하는 습관을 바꾸기 힘들어한다. 이런 제약들이 비록 현실적일지는 몰라도, 다른 간과되는 요소들보다 덜 중요할 수도 있다. 탈출을 막는 재정적, 사회적 장벽은 빙산의 일각일 뿐이다. 권력을 내려놓지 못하게 만드는 위기는 숨겨진 심리적이고 감정적인 요소에 기반을 두고 있다.

나르시시스트도 늙는 것은 두려운 일

대체로 리더의 자리에 오르는 인생의 단계는 노화에 따른 신체적 효과가 나타나는 시기와 겹치게 마련이다. 거울을 보면 시간이 무한히 주어지지 않는다는 사실을 깨우친다. 이런저런 분명한 신체 변화가 나타난다. 치아 문제, 주름살이 생겨나고 머리카락은 희끗희끗해지다가 빠져서 대머리가 되기도 하고, 살이 쪄서 몸무게는 늘고 돋보기가 필요해진다. 연구에 따르면 얼굴 생김새와 생식기는 자기감에 특별한 중요성을 가진다. 성적인 문제, 특히 남성의 성적 능력 저하는 자존감에 특히 심각한 영향을 끼칠 수 있다. 누구나 예상할 수 있듯이 이런 변화들에는 많은 감정적 반응이 뒤따른다. 불안, 걱정, 슬픔, 우울 그리고 화가 날 수도 있다.(Erikson, 1963; Atchley, 1972;

Kimmel, 1974; Lowenthal, Thurnher, and Chiriboga, 1975; Vaillant, 1977; Levinson, 1978; Gould, 1978; Kets de Vries, 1980b; Butler, 1985; Sheehy, 1995). 이 시기에 사람들은 태어나서 살아온 시간보다는 죽기 전까지 남아 있는 시간으로 인생을 바라보기 시작한다.(Neugarten, 1964, 1968) 노령화, 점점 더 의존적인 부모, 부모의 죽음, 그리고 아이를 갖는 것에 수반되는 스트레스와 스트레스로 인한 관계의 변화는 모두 각각의 감정적 비용을 요구한다. 근본적인 문제는 사람은 누구나 자신의 죽음을 직면하고 이에 대처해야 한다는 것이다.(Jaques, 1965; Kets de Vries, 1980a) 우리 모두가 가슴속에 숨기고 있지만 소중히 붙들고 있는 불멸에 대한 환상을 꺼내어 폐기해야만 한다.

자아에 대한 이런 공격은 어린 시절의 특징인 열등감과 보상 욕구를 다시 활성화시킨다. 많은 최고경영자가 가진 나르시시즘이라는 관점에서 보면(성향과 지위의 결합), 노쇠해간다는 사실을 인정한다는 것은 다른 사람들과 비교해 그들에게는 아마도 더 엄청난 충격일 것이다. 몸이 나이를 먹어가면서 죽음을 현실로 받아들이는 것은 나르시시스트에겐 궁극적인 상처가 된다. 전 프랑스 대통령인 발레리 지스카르 데스탱은 그의 자서전 두 번째 책에서 노화를 받아들이면서 자신이 느낀 공포와 불행을 놀라울 정도로 솔직하게 기술했다.

> 내 외모가 매력을 잃어가기 시작한 것은 공화국의 대통령이 된 뒤 얼마 지나지 않아서부터였다. 그 과정은 일찍 시작됐지만 음흉스러운 면이 있었다. 변화해가는 내 외모를 완전히 받아들일 수가 없었다. 너무 커다란

키에 자연스런 자세를 취할 수가 없었고, 허리벨트 아래로 엉덩이는 펑퍼짐해지고, 옛날 청소년 시기의 사진에서 볼 수 있는, 얼굴에 나타나는 뭔가 달콤하고 부드러운 느낌은 얼굴 윤곽선이 무너지면서 찾아볼 수가 없었다.

나는 매우 젊을 때부터 머리카락이 빠지기 시작했다. 독일 쿠로르트의 작은 호텔 화장실에서 처음 발견했다. 천장 가운데 조명이 달려 있었는데 빛이 수직으로 떨어지면서 듬성듬성한 내 머리카락 사이를 뚫고 두피를 비추는 것을 거울을 통해 볼 수 있었다. 나는 일종의 공포로 꼼짝할 수가 없었다…….

모든 자연과 마찬가지로, 또 다른 모든 동물들처럼 나 역시 노화의 대상이었다. 하지만 내가 설혹 그 대상이 맞을지라도 절대 그 목격자가 되지는 않으려고 했다. 나는 모든 징조를 외면하려 노력했다. 면도할 때 빼고는 거울 속 내 모습을 절대 쳐다보지 않았다. 심지어 나는 조명도 최대한 어둡게 유지하려고 애썼다. 거리를 걸어갈 때면 상점 유리에 비친 내 모습을 바라보지 않으려고 주의를 기울였다.

7년이라는 대통령 임기 동안, 기자들의 건너편에 앉거나 군중 앞에서 아이를 안아들고 있을 때는 단 1초도 그들 눈에 이렇게 변해버린 내 모습이 비칠 거라고 생각하지 않았다. 그들이 내가 내게 남아 있다고 생각하는 모습을 보고 있다고 확신했다. 그 모습은 관자놀이에 머리카락이 넘실거리고, 단단하고 유연한 근육질의 몸매에, 이제 겨우 단련되고 성숙하기 시작한, 청소년기의 육체적 부드러움이 사라진 지 얼마 되지 않은 35세 가량의 젊은 남자의 모습이었다. 나는 오래된 내 모든 옷들을 버리지 않았다. 나는 그 옷들을 무한정 반복해서 입었다. 거의 닳지 않는 옷들이어서 세월의 통과의례를 겪지 않은 육체를 지닌 채 내가 살아가고 있다는 환상을 유지할 수 있게 도와주었다.(1991, p.110)

몸의 기능이 떨어지는 것을 자각하면서 생겨나는 상실감은 대체 출구를 찾으려는 욕구를 자극한다. 일부 사람들에게 —차지하고 있는 위치를 고려할 때 주로 CEO들이— 권력을 휘두르는 것은 중요한 대체 행위가 된다. 전 미 국무장관 헨리 키신저는 권력과 성의 대체적 관계를 이런 비유적 표현으로 암시한 적이 있다. "권력은 가장 효과가 강력한 최음제다." 키신저는 이성에게 권력이 가진 성적 매력을 잘 알고 있었다. 하지만 그의 말에는, 아마도 직접적인 성적 만족 결핍의 대체재 역할로서, 권력이 그 권력을 가진 당사자를 흥분시키는 힘 또한 포함되어 있다.

생식기나 성 그리고 권력 간의 관계를 보다 분명히 보여주는 예를 —진정한 인류학적 호기심에서— 인도 힌두 왕국이 17세기에 전복되기 전까지 유지했던 전통에서 찾아볼 수 있다.

파티알라의 마하라자는 다이아몬드 가슴판(청백색으로 통일시킨 1,001개의 눈부신 다이아몬드로 구성)을 제외하고는 완전히 벌거벗은 채, 남근을 완전하고 찬란하게 발기시킨 상태로 1년에 한 번씩 신하들 앞에 나타나는 것이 관습이었다. 그의 공연은 시바신의 남근을 상징하는 쉬발링(shivaling)이 일시적으로 재현하는 것으로 여겨졌다. 마하라자가 걸어

다니는 동안 신하들은 즐겁게 박수를 치고 환호성을 지르며 왕의 지위에 어울리는 남근의 크기에 감탄했고 그것이 이 땅에 마법의 힘을 발산하기를 기원했다.(Ross and others, 1982, p.524)

완전히 사라진다는 느낌

노화에 수반되는 상실감과 개인적 취약성은 권력과 책임을 내려놓는 선택을 특히 매력적이지 않은 생각으로 만들 수 있다. 많은 리더들이 권력 기반을 유지하는 데 있어 엄청난 집중력과 끈기, 성실함을 보여준다. 그들 대부분이 품고 있는 고립감이 권력 상실 뒤에 따라올 고독감과 우울감에 대한 공포를 자극하기 때문이다. 하룻밤 사이에 보잘것없는 사람이 될 수 있다는 공포, 완전히 사라진다는 느낌은 어마어마한 불안감을 일으킨다.

해리 트루먼은 대통령직에서 물러난 직후에 이 불안감에 대해 솔직하게 표현했다. "두 시간 전만 해도 내가 다섯 마디만 말하면 전 세계의 모든 수도에서 이를 인용했다. 지금은 두 시간 동안 떠들어도 돌아보는 사람 하나 없다."(Graff, 1988, p.5 인용) 권력과 그에 따른 업무 행위에서 배제된 상태에서, 강력한 결혼관계나 친구들이 없다면, 은퇴에 직면해서 보잘것없는 사람이 될 것 같은 공포에 맞설 감정적 강건함을 보여주는 사람은 극히 소수에 불과하다. 이런 경험이 주는 공포는 리더가 지위에 매달리게 만든다. 그런 행위가 사리사욕을 위해 아부하는 사람들만 주변에 들끓게 만들어도 상관하지 않는다.

린든 존슨 대통령의 사례가 권력을 내려놓는 과정에서 나타나는 심리적 스트레스를 잘 보여준다. 아주 어릴 때부터 존슨은 몸이 마비되는 악몽으로 고통을 겪었다. "그는 꼼짝하지 않고 앉아 있는 자신을 발견해요. 커다랗고 곧게 세워진 의자에……. 의자는 드넓게 펼쳐진 평원에 놓여 있어요. 소떼가 그를 향해 질주해 옵니다. 그는 몸을 움직이려고 하지만 꼼짝할 수가 없어요. 그는 울고 또 울면서 엄마를 찾지만 아무도 오지 않습니다."(Kearns, 1976, p.32) 뇌졸중은 존슨 가족에게 드문 질병이 아니었다. 그의 할머니는 존슨의 꿈속에서처럼 뇌졸중으로 목 아랫부분이 마비되어 온종일 의자에 앉아 지냈다. 꿈속에 나타나는 마비에 대한 존슨의 어린 시절 공포가 얼마나 그의 나중 행동에 영향을 미쳤는지, 무기력감에 대한 공포와 그에 따른 보상심리가 권력을 추구하는 그의 동기에 어느 정도까지 영향을 미쳤는지 살펴보는 것은 무척 흥미로운 일이다. 미국의 대통령은 전 세계에서 가장 큰 권력을 가진 사람이다. 두 명의 전임 대통령인 프랭클린 루스벨트와 우드로 윌슨은 몸이 마비됐다. 이런 두 이미지가 섞여 그에게 영향을 미쳤을까? 뒤에 일어난 사건을 보면 그랬을 거라고 짐작할 수 있다.

1960년대 말에, 존슨은 대통령으로서 자신의 시간이 끝나가고 있다는 것을 깨달았다. 건강은 나빠졌고 정치적 위기에 시달렸다. 베트남 전쟁은 재래식 무기만으로 이길 수 없다는 것이 분명해졌고 더는 예전처럼 의회의 지지를 바랄 수도 없었다. 두 번째 임기를 위한 선거에서 이길 가능성은 요원해졌다. 임기가 끝나가면서 예전의 악몽이 다른 형태로 돌아왔다.

> 이번에는 열린 평원 한가운데 놓인 의자에 앉아 있는 대신 그는 백악관 레드룸의 침대에 누워 있다. 머리는 여전히 뜻대로 움직일 수 있지만 목 아래는 메마른, 자신의 할머니와 우드로 윌슨이 말년에 겪은 고통의 원인인 마비된 몸을 하고 있다. 모든 대통령 보좌관들은 다음 방에 있다. 그들이 자신의 권력을 나눠 갖기 위해 서로 심하게 싸우는 소리가 들려온다. 그들의 소리를 들을 수는 있지만 명령을 내릴 수가 없다. 말을 할 수도, 움직일 수도 없기 때문이다. 그는 병에 걸려 꼼짝할 수 없지만 단 한 명의 보좌관도 그를 보호하려 하지 않는다.(Kearns, 1976, p.342)

존슨은 악몽이 너무 무서워서 다시 잠들 수가 없었다. 특별한 의식을 통해서 자신을 달랠 수밖에 없었다. 그는 침대에서 나와 백악관 복도를 걸어 우드로 윌슨의 초상화가 걸려 있는 곳으로 갔다. 그리고 그의 그림을 만진 후에야 침대로 돌아와 다시 잠들 수가 있었다. 마치 존슨에게 죽은 사람은 윌슨이고 자신은 마비되지도, 죽지도 않았다는 사실을 확인하기 위한 상징적 행동이 필요했던 것 같았다. 마비라는 상징과 이를 극복하고 싶은 그의 욕구는 존슨의 정신상태를 보여주는 중요한 표식이다. 권력을 곧 내려놓아야 하는 상태에서 그의 예민한 정신은 흔들렸고 에너지는 너무 많이 소진됐다. 권력이 사라진다는 것은 마비, 보잘것없음, 그리고 죽음을 의미한다.

이에는 이, 눈에는 눈

권력을 내줘야 하는 상황을 맞은 이들을 괴롭히는 요소 중 하나는 보복에 대한 공포다. 의식하는 경우도 있지만 잠재의식에 숨어 있을 확률이 더 높다. 이 탈리오 법칙lex talionis, 또는 동해보복법同害報復法이라고 불리는 원칙은 초기 바빌로니아의 법률에서 기원했다. 이 법에 따르면 범죄자는 자신이 희생자에게 입힌 상처와 정확히 똑같은 형벌을 받는다. 정확한 보복, 눈에는 눈, 이에는 이라는 원칙은 역사를 통해 많은 사회의 법률에서 볼 수 있다.

비록 현대사회는 희생을 보상하기 위해 다른 시스템과 정의구현 방법을 구축했지만 눈에는 눈 그리고 이에는 이라는 고대의 원칙은 개인과 집단의 무의식 속에서 여전히 작동을 하고 있다.(Fenichel, 1945; Racker, 1968) 이러한 잠재의식 속의 믿음은 죄의식과 보복에 대한 두려움 그리고 불안, 스트레스, 우울감, 악몽, 말실수 같은 증상과 일상적으로 쓰이는 복수를 의미하는 관용구(빚을 청산하다, 원한을 되갚다)로 나타난다.

이런 믿음은 리더의 잠재의식 속에 깊게 숨겨져 있다고 하더라도 권력을 내려놓는 데 있어 실질적 장벽으로 작용할 수 있다. 리더는 다른 사람들의 행복과 삶에 영향을 미치는 불쾌한 결정을 내려야 할 때가 있다. 의도적이든 우연이든 일부 사람들에게 상처를 주는 결정을 회피할 수 없는 경우가 많다. 잠재의식 속에 숨어 있는 탈리오 법칙의 측면에서 보면 리더들이 종종 피해망상에 빠져드는 현상이 놀라운 일은 아니다. 이런 사례 중 하나가 죄책감에 의한 경영 management by guilt 신드롬이다.(Levinson, 1964) 이는 경영진이 다른 사람들의 분노를 유발하지 않기 위해 최대한 거리를 유지하거나 갈등을 완화하기 위해 많은 노력을 기울이는 경향을 일컫는 말이다. 리더는 누군가 원한을 갚으려 할지도 모른다는 우려를 안고 살아야 한다. 그래서 권력은 이를 대비한 보호책이 된다. 리더들은 만약 권력을 포기하면 과거에 상처를 받았던 이들이 해방되어 보복할 수 있다는 생각을 품게 마련이기 때문이다. 더 불길한 일은 이런 불안이 리더의 공격성을 키울 수 있다는 점이다. 보복에 대한 피해망상적 공포는 리더들이 권력에 더 매달리게 만들고 심지어는 선제조치를 취하게 만들기도 한다. 반대자들이나 반대자가 될 가능성을 가진 자들을 무너뜨리기 위해 먼저 공격을 가한다. 심지어 보복을 할 거라는 어떤 징후가 전혀 보이지 않아도 그런 행위를 한다.

거대 건축 콤플렉스

보잘것없는 존재가 될 수 있다는 두려움과 그에 따른 우울감은 유산을 남겨야 한다는 욕구를 키운다. 리더는 흔히 권력의 계승자가 자신이 세운 업적을 존중할지에 대해 집착한다. 다른 말로, 많은 리더들이 "거대 건축 콤플렉스"에 시달리고 있다고 표현할 수 있다. 유산이 파괴될지도 모른다는 공포는 가능한 한 권력을 놓지 않아야 한다고 동기부여를 한다. 보다 근본적인 차원에서는 자신의 성취를 떠올리게 하는 유산을 남기는 것이 상징적으로 죽음을 이겨낸다는 의미가 된다. 계속되는 누군가의 존재감은, 실제든 영향력뿐이든, 죽음에 직면하는 리더의 개인적 어려움, 즉 최종적인 의미에서 모든 것을 내려놓아야 하는 도망칠 수 없는 불가피함의 표현일 수 있다.

은퇴하는 리더는 견디기 힘든 감정으로 흔들린 상태로 아마도 오랜만에 처음으로 불확실한 미래를 직면하면서 자신을 움직이게 하는 동기였을 뿐만이 아니라 조직 전체를 몰아가던 힘이었던 비전이나 꿈 또한 내려놓아야 한다. 게다가, 리더는 새로운 리더의 출현으로 이 비전을 조직 전체가 거부하는 모습을 직접 목격할지도 모른다. 자신이 행한 모든 것이 낯선 미래 어느 곳에도 자리를 차지하지 못하는 열등한 과거로 치부될지도 모른다.

소넨펠드(1986)는 이를 위기점이라고 정의했다. "새로운 리더와 새로운 꿈이 선택되면, 자신의 목표를 조직의 임무로 설정해 이미 시도했던 과거의 리더는 목적의식이 고갈된 상태로 남겨진다. …… 최고경영자는 자신의 꿈에 대한 소유권을 잃는다. 공동체의 재산이 되어 조직에 의해 비판받고, 수정되고, 채택되고, 최종적으로 폐기된다."(pp.326-327) 소넨펠드는 떠나는 CEO의 도전과제는 "리더의 존재만으로도 가로막혔던 다른 사람들에게 미래의 기회를 제공하는 것"이라고 말했다. 이런 건설적인 도전은 리더가 자신의 경력을 긍정적으로 돌아볼 수 있다면 충족될 수 있다. "자신의 목표가 삶의 중심에 가까운 일일수록 재임기간 동안 이를 충족시키지 못했다고 느끼면서 더욱 고통스러운 은퇴가 된다. 은퇴는 꿈을 강제로 빼앗기는 상징이 될 수 있다. 동시에 자신의 성취를 하나하나 돌아보는 행위는 만족감과 안도감을 줄 수도 있다. 관건은 도달 가능한 목표가 완성되었는지 여부이다."(pp.313-314)

만약 이렇게 화해하고 받아들이는 과정이 없다면 질투와 분노가 생겨나는 것은 너무 쉽다. 은퇴하는 리더는 "'이기적인' 젊은 세대, 감사할 줄 모르는 사회, 그리고 나이가 들어간다는 사실 자체에 화가 날 수도 있다. 이는 일생의 노력을 부정당할 수도 있는 위협이기 때문이다."(Sonnenfeld, 1986, p.328) 다음 세대에 대한 질투는 조직에서는 흔한 일이다. 고참 관리자들은 젊은 경영진에게 실체가 뚜렷하지 않은 복수심을 가지고 행동한다. 젊은 경영진이 성공한 곳에서 자신은 성공을 이루지 못했다는 씁쓸함이 그들의 경력을 방해하기 위한 덫을 놓고 곤경을 만들도록 유인한다. 고참 관리자들의 전략은 종종 교활할 수도 있다. 즉, 신입이 능력을 발휘할 수 있는 충분한 기회를 준다는 미명 아래, 그 사람의 앞날을 방해하기 위한 여러 가지 구실을 만들어낸다. 경영권 승계에 수반되는 드라마는 이런 과정이 작용하는 명확한 예시다. 특히 강력한 "왕관을 쓴 왕자"가 리더의 역할을 위해 표면적으로 키워지는 경우, 그들 상사들의 질투를 불러일으켜 나쁜 결말을 맞을 때다. 옥시덴틀 석유의 아먼드 해머, WR 그레이스의 피터 그레이스, CBS의 윌리엄 페일리와 같은 사람들의 승계 드라마에는 이런 세대 간 질투가 담겨 있다.

리더의 은퇴 과정

사회적 지위와 인지도를 잃고 수입은 줄어들고 육체가 늙어가면서 감정적 스트레스는 쌓인다. 은퇴에 함축된 의미들은 끔찍할 정도로 부정적일 수 있다. 조직문화나 사회적 압력은 이런 부정적 측면을 키우는 경우가 많다. 은퇴와 관련된 문제들은 개인과 조직 양 측면에서 살펴봐야 한다. 조직이 이 문제에 대해 관심을 기울이지 않는 것은 이미 주지의 사실이다. 은퇴를 목전에 둔 개인은 너무 많은 경우에 조직으로부터 준비나 도움을 받지 못하고 죽든 살든 알아서 해야 하는 처지에 놓인다. 많은 사람들이 은퇴 준비나 그에 따른 현실을 받아들이지 못하고 무기력에 빠져 분노나 우울 속에서 쓰라린 경험을 한다.

하워드 모튼(가명)은 유명 상품들을 많이 거래하는 회사를 거느린 그룹의 잘나가는 경영진이었다. 그의 은퇴와 관련된 경험은 미리 대비를 하지 못했을 때의 부정적이고 해로운 영향들을 잘 보여준다.

> 물론, 그래요. 저 역시 나가고 싶지 않았어요. 누구나 그렇죠. 그들은 은퇴를 준비해야 한다며 이런저런 쓸데없는 이야기를 늘어놓을 수 있습니다. 하지만 그저 자신들에게 유리한 조건을 만들려는 것뿐입니다.
> 내가 57세가 되었을 때 그들은 뻔뻔하게 내게 퇴직을 제안했습니다. 처음에는 농담이라고 생각했지만 진지한 이야기라는 것을 알고 믿을 수가 없었습니다. 일단 내가 느끼는 바를 솔직하게 이야기했더니 더 이상 밀

어붙이지는 않았습니다. 그러다가 내 60번째 생일이 다가오자 그들은 다시 한번 생각해보라고 제안을 해왔습니다. 인사팀 사람들이 얼마나 오랫동안 은퇴 전략에 대한 사내 브로슈어를 만들어왔는지는 알 수가 없지만 마치 무슨 상을 주듯이 내게 건넸다는 것만은 기억이 납니다.

그 순간 나는 할 수 있는 한 회사에 최대한 오랫동안 남아 있어야겠다고 마음을 먹었습니다. 이 사업에 대해 그 누구도 나만큼 알고 있는 사람은 없습니다. 내가 오랜 세월 이뤄놓은 모든 것을 그들이 무시한다고 생각했습니다. 내 말은, 바보 같은 머리를 한 경영대학원을 갓 졸업한 젊은이들에게 넘겨주기 위해서 내 모든 것을 업무에 쏟아 부은 것은 아니라는 것입니다. 인사팀 사람들은 내가 그래야 한다고 생각하는 걸까요?

나는 은퇴에 대해 전혀 생각하지 않았습니다. 막판에 나는 출장을 많이 줄였습니다. 하지만 그건 회사가 직접 처리하던 대부분의 지역 사무소 업무를 분산시켰기 때문입니다. 지난 15년간에 비해 65세인 지금도 전혀 체력이 부족하지 않습니다. 당시에 저는 약간 의기소침했습니다. 거의 모든 동료가 사라졌고 근무하던 부서에는, 회사 다른 곳과 마찬가지로, 젊은이들이 가득했습니다. 그들은 자기들끼리만 몰려다녔고 나와 엮일 일은 별로 없었습니다.

나는 퇴직하는 CEO와는 매우 친했습니다. 우리는 1960년대 같은 시기에 함께 이 회사에 들어왔죠. 아내들도 친구였고 항상 함께 어울렸습니다. 그는 68세 생일까지 머물렀고, 이후에는 15개월을 더 상담역 자격으로 일주일에 두 번 출근했습니다. 나는 비슷할 거라고 짐작했습니다. 적어도, 65세는 분명 아닐 거라고 생각했습니다. 마지막이요, '끝' 말입니다. 누구도 상담역에 대해 아무런 말이 없자 내가 먼저 말을 꺼냈습니다. 그때였습니다. 그들이 내게 폭탄을 떨어트렸죠. 내 부서를 폐지했습니다. 그들은 그럴듯한 구실을 갖다 붙이려 애를 썼죠. 인사팀의 부서장은 어쨌든 내가 떠나고 나면 부서가 "생존가능성"이 없다고 말했습니다. 회사는 현지화 정책을 서두르고 있었고 해외 사무실들을 추가로 신규 개설 중이었습니다. 하지만 나는 그들이 내가 공간만 차지하고 있다고 생각하는 것 같다는 인상을 받았습니다. 그 조치에 놀란 사람은 나 혼자뿐인 것 같았습니다. 등 뒤에 칼을 맞은 느낌이었습니다.

나도 내가 독하게 굴었다는 것을 압니다. 내가 인생에서 처음으로 아프기 시작했다는 사실도 아무런 도움이 되지 않았습니다. 여기저기가 쑤시고 아팠습니다. 의사는 어딘가 심각하게 잘못된 곳을 발견하지는 못했습니다. 하지만 나는 이런저런 검사를 받아야 했고 깊은 우울감에 빠져들었습니다. 나는 축하 속에 떠나라는 그들의 제안을 거절했습니다. 순 엉터리처럼 느껴졌죠. 누가 뭘 축하한단 말입니까? 지금은 조금 후회가 됩니다. 25년이 넘는 세월을 그곳에서 보낸 뒤에 서로가 웃음을 머금고 떠나지는 못했으니까요.

모두 3년 전의 이야기입니다. 지금은 기분이 훨씬 나아졌습니다. 항우울제도 끊었고, 우연히도 작년에 내가 정원 가꾸기에 재능과 열정을 가지고 있다는 사실을 발견했거든요. 우리는 넓은 정원을 가지고 있는데 예전에는 아무런 흥미가 없었죠. 그저 정원사를 고용해서 관리했을 뿐입니다. 그러다가 지난여름 정원사가 허리가 안 좋아 몇 주간 내가 대신 나섰습니다. 이제 우리는 정말 정원을 특별하게 꾸밀 예정입니다. 사실 이건

부업으로 할 수 있는 일이 아닙니다. 아내와의 관계도 좋아졌습니다. 처음에는 집에 머무르는 시간이 비극처럼 느껴졌습니다.

그녀는 굉장히 재능 있는 예술가입니다. 그리고 물론 그녀가 하는 일에 정년 따위는 존재하지 않죠. 내가 은퇴를 하면서 겪었던 일들을 그녀가 이해하지 못할 거라고 생각했습니다. 아이러니하게도 내가 회사를 떠난 그 주에 그녀의 첫 번째 개인 전시회가 성대하게 열렸습니다. 우리는 같은 나이였지만 그녀만은 환호성 속에서 전진하고 있었죠. 나는 내팽개쳐져 있는데도 말입니다. 우리는 이에 대해 대화를 나눴습니다. 쉽지는 않았죠. 지난달에 제 68번째 생일이 있었는데 그녀는 정원 중에서 내가 가장 좋아하는 부분을 그린 유화를 선물했습니다. 그녀가 그림을 그리고 있었다는 사실 자체를 나는 모르고 있었죠. 정말 놀랍고 기뻤습니다. 어찌됐든 사람은 살아가게 마련인가 봅니다.

하워드 모튼은 이제 자신의 처지를 받아들이고 안정을 찾았지만 그 비용은 만만치 않았다. 그의 성격이 문제를 해결하는 데 가장 큰 기여를 했다. 하지만 회사가 그를 대하는 미숙한 방법은 상황을 악화시켰다. 경영진은 비록 그의 은퇴문제를 해결하려고 노력하긴 했지만 충분히 효과적인 방법을 찾지는 못했다. 모튼의 경험을 상당히 비슷한 처지의 다른 은퇴 사례와 비교해보자. 제리 테일러(또한 가명)는 거대 다국적기업의 선박 자회사를 관리하는 책임자였다.

내가 60대 초반일 때, 회사가 인수되어 모회사가 운영에 직접 간섭하기 시작했다. 얼마 지나지 않아 내 고참 관리자가 회사를 떠났고 분위기는 하룻밤 사이에 완전히 바뀌었다. 나는 그 변화들로 인해 점점 불행해졌고 내 조기은퇴(비록 겨우 6개월이지만) 제안을 회사가 받아들였다. 연금은 영향을 받지 않았고, 회사는 65세 생일 때까지 급여를 계속 지불했다. 그리고 작은 보너스를 추가로 받았다.

나는 적어도 3, 4년 정도 앞서 은퇴에 어떻게 대처할지 고민하기 시작한 것 같다. 나는 회사에서 업무를 계획할 때처럼 은퇴 이후의 삶을 계획해야 한다는 것을 알았다. 어느 정도 규율이 잡힌 생활을 해야 한다는 것(예를 들어 늦잠은 안 된다!)과 가능한 한 미리 일을 계획해야 한다는 것을 알고 있었다. 나는 자선사업을 하고 싶었고 회사를 떠난 뒤 한동안의 일을 계획해뒀다. 은퇴 전에 6개월 동안 모든 세부적인 사항들을 미리 마무리했다. 은퇴 후 생활에 관한 강좌를 두 개 들었다. 하나는 지역사회에서 개설한 것이었고 다른 하나는 내가 비용을 냈다. 회사는 어떤 상담과정도 제공하지 않았지만 나는 항상 개인적으로 인사 담당자에게 먼저 도움이 될 만한 것들을 요청했다.

은퇴 시기가 점점 가까워지면서 나는 전반적으로 긍정적인 마음자세를 유지할 수 있었다. 어떤 측면에서 약간 걱정스럽기도 했다. 기본적으로, 100퍼센트 열정적이지는 않았지만, 철학적으로 이를 받아들였다. 회사의 자세는 도움이 됐다. 그들은 내가 일주일에 며칠간 재택근무를 하는 것을 기쁘게 받아들였고 내가 그들에게 방해가 된다거나 잊힌 인물이라는 느낌을 받지 않게 해줬다. 나는 의사결정권과 책임을 내려놓는 데 크게 신경 쓰지 않았다. 제일 걱정되는 것은 할 일이 없어지는 것이었다. 그래서 나는 삶을 다시 계획하는 데 많은 노력을 기울였다. 줄어든 소득으로도 살아갈 수 있게 준비했고 실제로 은퇴하기 1년 전에 더 작은 집으로 이사했다. 예전 집은 오래돼서 슬슬 수선비가 많이 들어가기 시작할 시점이었다.

나는 내게서 업무를 인계받을 사람을 잘 알지는 못했지만 그가 유쾌한 친구라는 것은 충분히 알 수 있었다. 그는 내가 떠날 때 자리를 물려받을 사람이었지만 나와는 한 번도 함께 일한 적이 없었다. 지난 몇 개월 동안 그를 데리고 다니며 고객을 소개해주고 업무를 상당부분 미리 넘겨줬다. 그건 내게 전혀 문제되지 않는 과정이었다. 내가 해야 할 정상적인 업무였다.

처음에는 급여를 받을 수 있는 다른 일을 구해볼까 생각했다. 여기저기 알아보고 사람들을 만났다. 하지만 내 아이들과 손자들이 해외에 거주하는 관계로 우리가 여행을 많이 해야 한다는 것을 알았기 때문에 책임이 따르는 일은 일단 제외했다. 우리는 1년에 적어도 4개월 이상을 나라 밖에서 보낸다. 우리가 영국에 있을 때 내 자원봉사 일은 정기적으로 일주일에 두 번을 해야 하고 그 외에도 가끔 회의가 있다. 주로 나이가 많은 사람들을 도와준다. 외출을 도와주고 병원으로 차를 태워주는 등의 일을 한다. 그리고 또 지역 호스피스의 회계 일을 도와준다. 대부분의 내 친구들도 은퇴를 해서 예전보다 만남의 기회가 더 많다. 책도 더 많이 읽고 수영이나 산책하는 시간을 늘렸다. 적어도 일주일에 한 번 이상은 콘서트나 영화관에 간다. 또한 은퇴한 뒤에 두 번의 장기여행을 다녀왔다. 한 번은 인도에 다녀왔고 그로부터 18개월 뒤에는 세계여행을 했다. 아내와 함께 언젠가는 하고 싶었던 일이었다. 아내와 가족들은 내 은퇴에 많은 도움을 주고 또 긍정적으로 대한다. 결국에는 누구에게나 닥칠 일이고 이를 즐겁게 받아들여야 한다.

이제, 5년이 흐른 지금, 나는 적극적으로 생활하면서 진심으로 현재의 삶에 만족하고 있다. 나는 은퇴 이후 많은 것을 상실한 사람들을 여러 명 만났다. 하지만 나는 거기에 포함되지 않는다. 나는 예전에 내가 분개할 것인지, 상실감을 느낄 것인지, 아니면 화를 내며 냉소적인 상태로 회사를 떠날 것인지 궁금했었다. 그런 많은 사람들을 알고 있다. 나는 돌아가기를 원하는 걸까? 글쎄, 실제로 내가 떠난 지 2년쯤 뒤에 회사는 일종의 상담역 같은 자리를 제안해왔다. 나는 우쭐했고 기분도 좋았다. 그런 요청을 받는 것은 내겐 정말 감사한 일이었다. 하지만 사무실은 멀리 옮겨갔고 우리는 여행을 많이 하고……. 이를 거절하는 결정이 쉽지 않았던 것만은 사실이다.

결국 가장 중요했던 점은 내가 운이 좋기도 했지만 단호한 자세로 임했다는 것이다. 우선 은퇴에 대한 생각을 피하지 않고 받아들이는 것이 그렇게 어렵지는 않다는 것을 깨달아서 행운이었고, 그다음에는 단호한 자세로 이를 돌파해나가려고 노력했다. 그리고 물론 나는 이 모든 것을 아내와 함께 상의했다. 그녀는 나를 격려해줬고 나 스스로도 은퇴를 무언가 끝나는 것이 아니라 새로운 삶의 단계라고 받아들였다.

모든 회사가 테일러처럼 통찰력과 협상하려는 자세를 가진 직원을 보유할 만큼 행운이 있는 것은 아니다. 그리고 물론, 물러나야 할 시기를 맞은 모든 사람들이 그처럼 준비를 하려는 자세나 시간을 가진 것도 아니다. 테일러의 경우 은퇴는 하나의 이벤트였고 이를 긍정적인 자세로 대했다.

대개의 회사에서 은퇴 계획은 대부분 개인이 해야 할 결정으로 간주된다. 상담이나 피드백을 제공해주는 경우도 거의 없다. 고참 경영진이나 리더가 떠나면서 회사의 분위기에 미칠 영향을 고려하면 이런 정책의 부재는 위험할 정도로 근시안적이다. 이는 한 치 앞을 못 보는 회사의 다른 정책들을 보여주는 하나의 예일지도 모른다. 조직은 나이 든 사람들을 몇 가지 이유에서 비교적 빨리 내보내고 싶은 유혹을 받는다. 조기은퇴 정책은 조직의 생기를 다시 불어넣는 방법이라고 여겨지기도 한다. 불경기에 해고의 대안으로, 경비 절감을 위해(어쨌든 나이 든 사람은 고용에 따른 비용이 더 많이 들어간다), 낮은 실적으로 인한 해고의 일환으로, 젊은 사람들이 승진할 수 있도록 인사 적체를 해소하기 위해서 등이 그 이유들이다.

그런데 조기은퇴 정책은 경험 많은 직원들이 대거 떠나면서 회사의 분위기와 실적에 심각한 영향을 미칠 수도 있다. 조직은 몇 가지 중요한 문제에 직면한다. 경험 많은 숙련된 직원들을 어떻게 가려내고 그 가치를 최대화할 것인가, 은퇴와 정리해고로 인한 정서적 심리적 비용을 어떻게 예측하고 억제할 것인가, 그리고 경영진의 심리적 요구와 회사를 위한 좋은 정책의 균형을 어떻게 맞출 것인가 등이다. 이런 문제들을 해결할 수 있는 전략의 개발은 회사를 떠나는 스트레스에 큰 도움을 줄 수 있다.

은퇴정책은 당사자가 회사를 떠날 순간이 눈앞에 다가왔을 때 개인적으로 필요한 사항들을 조정하고 처리할 수 있도록 도와줄 수 있어야 한다. 이런 정책이 존재하면 개인은 점차 자신의 업무를 단계적으로 줄여갈 수 있다. 단계적 퇴직은 조직에 도움이 되는 측면이 많다. 경험이 많은 직원을 시간제로 근무하도록 유인할 수도 있다. 이는 업무 경험이 전혀 없거나 얼마 되지 않는 젊은 사람들을 뽑기 위해 모집공고를 내고, 전형을 실시하고, 훈련시키고, 동기부여를 하는 비용을 고려하면 회사에 큰 도움이 될 수 있다.

같은 이유로, 업무를 재설계하거나 재교육을 하는 것은 나이 든 직원들에게 동기를 부여하고 계속해서 그들이 가진 가치를 활용할 수 있는 방법이다. 근무시간을 줄이고, 단계적으로 회사 연금을 지급하고, 일자리를 나누고, 재택근무를 하는, 즉 점진적인 퇴사 과정은 갑작스런 경우와 비교해 그 충격을 완화하는 데 커다란 도움이 될 수 있다. 아직도 회사가 자신을 필요로 한다는 느낌은 은퇴자의 사기를 진작시키고 미래를 향한 적극적인 자세를 갖는 데 도움을 준다. 떠나는 사람들의 개인적인 적응을 용이하게 도와주는 회사들은 직원들에게 업무 이상의 것을 볼 수 있는, 그리고 은퇴 후 삶의 질을 높일 수 있는 기회를 준다.

오늘날의 경제상황과 사회현실에 비추어 이런 계획이 너무 이상적으로 느껴지는가? 빠르든 늦든 간에 우리는 모두 은퇴를 맞고 그 순간이 다가왔을 때 심리적인 부담에 대비해야 한다. 똑똑하고 감각적인 회사 정책이라면 그 필요성을 잘 고려해야 한다. 이 문제를 다룰 수 있는 공간과 시간이 조직문화 내에서 허용되고 준비되어야 한다. 그리고 마찬가지로, 권력을 놓지 않으려는 어두운 심리적 속성을 개인적 차원에서 경계해야 한다. 이런 어두운 심리적 속성에는 회사 외부의 삶에서 자신을 고립시키기, 사생활의 감소, 리더와 추종자 간의 소통 왜곡, 리더를 고립시키는 분위기, 내적 안정보다는 외적 성공의 과시에 지나치게 의존하는 경향 등이 포함된다. 그리고 존 하비 존스 경이 말한 것처럼, "자신에게……, 집중해야 할" 필요성을 깨달아야 한다.

4장

Leaders, Fools and Impostors

감정표현불능증

나는 본보기에 따라 살 생각도
누군가의 본보기로 살 생각도 전혀 없다. 그 반대로
분명히 내가 할 일은 나만의 삶을 사는 것이다.
나 자신에 따라서, 뭐가 될지라도.
여기에는 따라야 할 원칙 같은 것은 없지만
훨씬 더 멋진 무언가가 있다.
자신의 내면에 들어 있는 어떤 것이고 순전한 삶으로 뜨거운 것이다.
그리고 무척 기뻐하면서 나오기를 원하는 어떤 것이다.

_루 안드레아스 살로메, 『회고록(Lebensrückblick)』

나를 죽여줘, 나는 아무것도 느낄 수가 없어.

_데니스 쿠퍼, 『종결자(Closer)』

1956년 윌리엄 와이트William Whyte는 『회사원The Organization Man』을 출간했다. 개성 없고 둔하며, 무언가 상상력이 부족하고 결정 내리는 것을 두려워하는, 전형적인 회사형 남자를 묘사한 내용으로 고전 작품이 됐다. 정확히 반대편에 있는 기업의 정복자와 사업가들과는 동떨어진 존재로 그려진다. 회사원은 우리가 많은 다른 곳에서도 만날 수 있는 인간이다. 예를 들어, 싱클레어 루이스Sinclair Lewis의 소설 『배빗Babbitt』에서 책 제목과 같은 이름을 가진 영웅은 자신의 삶의 방식을 "믿을 수 없을 정도로 기계적"이라고 생각한다. "기계적인 사업 활동—허술하게 지은 집을 사무적으로 판매하기, 기계적인 종교 활동—비인간적으로 높은 곳에서 존경만 받으며 거리의 실제 삶에는 눈을 감은 건조하고 딱딱한 교회, 기계적인 골프와 디너파티 그리고 카드놀이와 대화……, 기계적인 우정—감히 침묵을 감당하지 못해 우스꽝스런 농담을 하며 등 두드리기."(1922, p.323)

이와 비슷한, '정서적으로 메마른 황무지의 거주자'들이 많은 논픽션 연구 속에 등장한다. 사회심리학자 에리히 프롬Erich Pinchas Fromm은 시장이 지배하는 사회를 성찰한 내용에서 이런 삶을 현대생활의 전형으로 묘사한다. 프롬이 그린 시장 지향적 사람들은 정체성이 불안정하고 유난히 피상적이며 변화무쌍하다. 그들의 정체성은 그들이 연기해야 할 여러 역할들의 총합처럼 보인다. "시장 지향성의 전제는 공허함이다. 변화에 굴복하지 않는 특정 성향의 결핍이다. 변하지 않는 성격은 언젠가 시장의 요구와 충돌을 일으킬 수 있기 때문이다."(1947, p.85)

이런 몰개성, 자동화, 그리고 공허함의 느낌은 앨런 해링턴의 『수정궁 안의 삶Life in a Crystal Palace』(1958)에서도 찾을 수 있다. "수정궁"(해링턴의 거대 기업에 대한 모순적 은유) 안에서는 모든 것이 단조롭고 기계적이다. 삶은 무감각하다. 대화는 단지 침묵을 피하기 위한 수단일 뿐이다. 모든 이들이 조직의 정책과 절차를 기계적으로 철저하게 받아들인다. 해링턴에 따르면 수정궁은 순응만이 규칙인 기업이라는 무대로 변한다. 모든 배우들은 대체할 수 있고 사람들은 감히 자신을 드러내려 하지 않는다.

마이클 맥코비Michael Maccoby는 『게임스맨The Gamesman』에서 그가 여러 유형 중 하나로 여기는 "회사원"에 대해 더욱 정교한 견해를 제시한다. 맥코비는 그러한 사람을 대기업의 기능에 필수적인 존재로 본다. 조직의 목표와 이상을 자기 내면화시켜 그 힘을 더하기 때문이다. 동시에 맥코비는 그러한 사람이 조직에 지나치게 의지할 위험성에 대해 경고한다. "회사원은 조직과 사업에 대해 강한 책임의식을 가지고 업무를 처리하는 경향이 있지만, 조직과 권위에 대한 순종적인 굴복, 권력자에 대한 감상적인 이상화, 안전, 편안함, 사치를 얻기 위해 자아를 배반하는 경향 등 부정적인 의존증상을 강화할 수도 있다."(1976, p.94) 문화역사학자 크리스토퍼 래시Christopher Kit Lasch도 순종과 의존이라는 주제를 언급하고 있다. 그는 "기업이 전체제도(감옥이나 수도원처럼 구성원들이 다른 사회로부터 고립된 채 살아가도록 요구되는 사회조직을 말한다-옮긴이)의 형태를 취하고 그곳에서는 개인 정체성의 모든 흔적이 사라진다"(1978, p.70)는 사실에 의해 그 현상이 강화된다고 믿는다.

이 모든 설명들은 와이트가 『회사원』에서 특정 유형의 성격을 규명해낸 건지, 아니면 조직생활을 풍자하기 위해 단순한 도구로 사용했는지에 대한 의문을 제기한다. 와이트의 책에 대한 계속되는 수요와 그 주제에 대한 인기는 그가 조직생활에 익숙한 사람들의 마음속 어딘가를 건드렸다는 의미다. 와이트는 때때로 고정관념과 지나친 단순화에 의지했을지 모르지만, 그의 묘사에는 진실이 담겨 있고, 그의 작품은 엄청난 영향을 끼쳤다.

이런 순종과 의존 성향이 나타나는 이유는 무엇인가? 이런 행동을 유발하는 무언가가 조직 자체 내부에 존재하는 것일까? 조직은 개인에게 무슨 짓을 하는 걸까? 다른 때는 숨어 있던 특정 유형의 성격이 드러나게 하는 특정 유형의 조직이 따로 있는 걸까? 어쩌면 질문을 바꿔야 할지도 모르겠다. 특정 유형의 성격을 가진 사람들이 특정 유형의 조직에 매력을 느끼는 것일까? 조직은 특별한 성격을 가진 사람들을 위한 보호시설로 간주될 수도 있을까?

와이트는 우리에게 깊이 있는 심리학적 의문을 남겼다. 그가 남긴 질문의 끝자락을 받아서 고민을 이어가야 할 필요가 있다. 그와 다른 이들이 서술한 행동 패턴의 중요성을 감안할 때, —지금까지는 조직의 창의성과 혁신에 부정적인 영향을 미쳤으므로— 와이트의 '회사원'을 최근에 재인식되는 감정표현불능증alexithymia이라는 병리학적 상태의 맥락에서 더 자세히 들여다보자. 이 단어는 그리스어에서 유래했는데 "감정에 대한 말이 없다"라는 뜻이다.

감정표현불능증의 정체

어떤 사람을 감정표현불능증을 가졌다고 말할 수 있을까? 아래에 설명된 것과 같은 사람을 만나본 적이 있는가?

> 수년 동안 나는 로봇과 함께 일했다. 그를 상사로 두고 일하느라 거의 미칠 지경이었다. 그와 직장에서 함께 일하는 것은 정말 힘이 들었다. 때때로 울어야 할지 웃어야 할지 종잡을 수 없을 때도 많았다. 너무 많은 예들

이 있다. 그에게는 나보다 한 살 정도 더 많은 아들이 있다. 그 아들이 대단한 학교에 입학했다. 그래서 내가 말했다. "정말 자랑스러우시겠어요." 그가 말했다. "너도 자격을 갖춰야 해." 또 한번은 그가 유명한 바이올리니스트가 참석하는 행사에 다녀온 것을 알았다. 내가 무척 좋아하는 바이올리니스트였다. 나는 그에게 만났는지를 물었다. 그가 만났다고 해서 내가 다시 물었다. "와! 그는 어땠어요?" 짐작할 수 있듯이, 나는 매우 흥분한 상태였다. 그가 대답했다. "키가 작던데." 앞에서 말했듯이 내가 그의 말에 웃어야 할지 울어야 할지 알 수가 없었다.

감정표현불능증이라는 개념은 1970년대 초에 보스턴의 정신과 의사 피터 시프너스Peter Sifneos가 처음 소개했다. 그는 감정을 말로 표현하지 못하는 사람들을 가리켜 이 개념을 사용했다. 이 사람들은 감정을 표현하거나 갈등을 피하기 위해 습관적으로 행동하고, 자신의 감정이나 판타지보다는 외부 사건에 사로잡혀 있으며, 사건 자체에 대한 감정 반응을 설명하기보다는 사건 주변의 환경에 대해 지루할 정도로 상세한 설명을 하려는 경향을 보인다. 연구를 계속하면서 그와 동료들은 감정표현불능증을 일종의 소통장애로 보았다.(Nemiah and Sifneos, 1970; Nemiah, 1977, 1978).

심각한 외상 후 스트레스로 고통을 겪는 환자를 돌보던 또 다른 정신과 의사 헨리 크리스탈 역시 같은 결론에 도달했다. 그는 감정표현불능증을 가진 사람은 "하나의 감정과 다른 감정을 구분하지 못하지만(1979, p.17), 색맹을 가진 사람처럼 이러한 자신의 결점을 알아채고는 분별할 수 없는 것들을 추론할 수 있는 단서를 찾는 법을 배운다"는 점에 주목했다.(1979, p.18) 크리스탈은 감정적 색맹을 가진 사람들이 현실에 놀라운 적응력을 보이며 직장에서 성공적인 모습을 보인다는 점을 관찰했다. 그러나 그는 또한, "우리는 그들이 회사에서 자기 역할은 잘 수행하고 있다고 생각하지만 곧 그들에게서 무미건조한 단조로움과 심각한 상상력의 빈곤을 발견하게 된다"고 강조했다.(1979, p.19) 크리스탈은 감정표현불능증을 겪는 사람들의 손상된 감정이입 능력에 주목했다. 그들은 다른 사람들을 거리를 두고 무관심으로 대한다. 그들이 형성하는 관계에는 인간적인 품성이 결여돼 있다. 사랑의 대상 또한 필요에 따라 쉽게 바꾼다. 크리스탈의 관찰은 다른 사람들에 의해서도 확인됐다. 그들은 감정표현불능증을 가진 사람들에 대해 지루함, 둔감함, 좌절감 등의 감정을 느끼게 된다고 보고했다.(Taylor, 1977) 정신의학, 심리학, 심리치료 분야의 다른 많은 연구자들과 의사들이 유사한 행동 패턴들을 발견하고 확인했다.(Brautigan and Von Rad, 1977)

감정표현불능증을 가진 사람들을 연구하고 치료했던 의사 중 한 사람은 조이스 맥두걸이다. 그녀는 이 증상을 가진 사람들에게서 사회적 순응성을 발견했다. 그리고 그런 행동에 대해 "사이비 정상성 pseudo-normality"(1974), "로봇"(1980a), "노모패스normopath"(1978, 1984)라는 용어를 사용해 설명했다. 그녀는 이렇게 주장했다.

반갑지 않은 지식이나 판타지, 혼란스러운 외부 영향 들에 대해 일종의

> 심리적 관리를 하는 대신에, 자아는 관련된 감정이나 표현을 결국 완전히 파괴해버릴 수도 있다. 그렇게 해서 이는 내면에 받아들여지지 않는다. 그 결과로 외부세계에 대한 초적응, 내부와 외부의 압력에 대한 로봇 같은 대응이 나타나고 상상의 세계는 단절된다. 이런 "사이비 정상성"은 널리 퍼진 성격 특성이 됐고 심리학적 문제에 따른 예기치 못한 사태를 예고하는 위험신호일 수도 있다.

맥두걸은 이러한 행동이 특정한 양육방식에서 기인한다고 추측한다. 이는 엄마가 아이를 "마약"으로 사용하는 경향이 있는 경우를 말한다. 분명히 이런 엄마들은 아이의 정서적 욕구에 적절히 반응하지 않는다.

> 아기들은 지속적으로 자신이 원하는 것과 싫어하는 것에 대해 엄마에게 신호를 보낸다. 엄마는 그녀 내면의 압박감에서 얼마나 자유로운지에 따라 아기가 보내는 이런 신호들과 긴밀하게 정상적으로 의사소통을 한다. 내면의 고통과 불안 때문에 아기의 울음이나 미소, 몸짓을 관찰하고 올바로 해석하지 못하면, 반대로, 엄마는 자신의 욕구와 바람을 강요함으로써 그 작은 의사소통자에게 폭력을 가할 수 있고, 그로 인해 아기는 계속되는 좌절과 분노 속으로 빠져들 수도 있다.(1989, p.26)

다른 많은 연구들(예를 들어 Krystal, 1979, 1982, 1986; Gardos and others, 1984)이 태어난 후 첫해와 두 번째 해에 증상의 원인이 발생한다는 맥두걸의 가설을 뒷받침한다. 많은 의사들은 그러한 엄마들(그리고 아빠들)이 나르시시즘적인 그들의 갈등을 아이를 통해 해결하려 하고 그로 인해 아기와 부모의 관계는 왜곡된 공생관계의 덫에 갇힌다고 주장한다. 아기가 극단적으로 부모에게 의존하고 이것이 장기화되면서 관계가 왜곡되기 때문이다. 아기는 엄마의 연장선상에서 다루어지고 그녀의 끊임없는 감시 속에 있다. 아기의 몸은 마치 타인의 재산인 것처럼 다루어진다. 게다가, 아빠는 아내의 날카로운 성격을 두려워하면서 비슷한 운명을 면하기 위해 이런 유형의 상황을 심지어 은밀하게 부추길 수도 있다. 이런 종류의 엄마는 흔히 묘사되는 오직 만족감을 주는mère satisfaisante 엄마와는 완전히 다른 오직 진정시키는mère calmante 엄마가 된다. 그 결과 아기는 엄마와 계속해서 접촉하지 않고서는 편안해지는 법을 배우지 못한다. 아기는 만족감을 내면화시키는 데 실패한다. 이는 지속적인 외부자극이 없이도 성인으로서 홀로 살아가기 위해 반드시 필요한 요소다.(Fain and Kreisher, 1970) 아기를 이렇게 위압적으로 대하는 자세는 아마도 엄마가 자신의 잠재된 결함에 대해 어떤 형태로든 보상을 받기 위한 방법이라고 설명될 수 있다.

엄마와의 분리 시도가 좌절된 탓에 아기가 보여주는 어떤 탐험의 욕구나 주도적인 행위도 싹이 잘려버린다. 예측건대, 이런 방식의 양육은 나중의 인격 발달에 중대한 결과를 가져온다. 감정표현불능증을 겪는 사람은 감정을 구별하고 말로 표현할 수 있는 능력을 적절히 발달시킬 수 없다. 감정을 인식할 수 없는 이 무능력은 차례로 매우 복잡한 감정신호의 매트릭스가 구축되는 것을 방해한다. 우리는 그 과정을 통해서 날마다 정신적 기능을 하며 살아갈 수 있는데, 이것이 결여되면 감정을 위험하고 통제할 수 없는 잠재적 힘으로 받아들인다. 감정표현불능증은 몸과 마음에 가해지는 스트레스 신호를 무시한다. 삶의 판타지는 허공으로 사라져 그들 정신세계와 연결이 끊긴다. 나아가 그들이 익숙해진 의존상태를 감안하면 자신의 세계를 구축하기 위한 방법으로 외부세계의 자극에 중독될 수도 있다. 자신만의 상징적 표상symbolic representations, 판타지나 정신적 갈등을 해소할 꿈 등에 의지할 수 없게 된다. 그들은 자신이 어떤 감정을 느끼는지를 다른 사람에게 말할 필요가 있다. 이런 사람들의 경우에는, 일반적인 거울전이에 대한 인간의 성향(자신에게서 보고 싶은 것을 타인에게서 보는 것)은 터무니없는 부조리일 뿐이다. 맥두걸의 말에 따르면 그들이 느끼는 것은 "(그들과) 관련된 사람들에게 나타난다. 사람들은 (그들의) 거울이다."(1982a, p.88) 그들은 "내면 심리세계에 없거나 손상된 상징의 역할을 위해 외부세계에 대체물을 만들려고" 시도한다.(1974, p.449) 그러나 맥두걸의 견해에 따르면 이런 시도는 "운명적으로 실패"할 것이고 "외부세계와 사물에 대해 중독된 집착과 끝없는 반복"으로 이어진다.(p.449)

일반적으로 감정표현불능증을 겪는 사람들은 모든 것을 구체적이고 표면적으로 바라본다. 은유나 암시, 숨은 의미의 사용은 그들에게 이질적이고 이해하기 힘들다. 그들은 감정의 존재를 부정하고 무시하는 경향이 있다.(Von Rad, 1983) 심리적으로 그들은 거의 문맹으로 보이며, 감정이입이나 자기 인식능력이 부족하고, 갈등을 다루는 방법으로는 행동에 의지한다.(Neill and Sandifer, 1982; Lesser and Lesser, 1983; Taylor, 1984) 맥두걸은 이런 행위를 “행동 중독”이라고 칭했다. 이는 무의식적인 목표를 빈틈없이 가리고 일상 업무나 수많은 다른 활동(때로는 흥미조차 없는)과 마약 같은 관계를 맺는 것을 말한다. 이러한 사람들은 “존재”나 “경험”보다는 “행동”에 지속적으로 관여한다. 감정을 무시하고 부정하는 그들의 능력을 감안하면 감정표현불능증을 가진 사람들은 내면의 갈등을 경험하지도 인지하지도 못한다. 그들의 행동은 경직된 자세와 표정이 부족한 얼굴 탓으로 로봇처럼 보일 수 있다. 외부적인 세부사항들은 죽어 있는 그들의 내면을 채우는 방법으로 이용되는 것 같다. 그들은 자신의 감정을 시험해본 적이 한 번도 없다. 그들이 받은 양육의 결과로 그들의 “진정한 자아”(Winnicott, 1975)는 결코 외부로 드러날 수 없다. 일부 임상의들은 1차적 그리고 2차적 형태의 감정표현불능증을 구별한다.

1차적 증상은 유전적 신경생리학적 결함(즉, 교련부 절제에 의한 좌뇌와 우뇌의 단절, 즉 감정을 담당하는 뇌에서 피질과 관련된 언어중추로의 메시지 전달의 결핍)에 따른 특정한 성격 특성으로 여겨진다. 2차적 증상으로 발전하는 과정에서는 사회문화적 요인들이 중요한 역할을 하는 것으로 보인다. 감정표현불능 반응은 특히 스트레스가 심한 사건이나 그런 사건의 연속 또는 극단적 상황 이후에 발달한다. 알베르트 슈페어는 1946년 슈판다우에서의 감옥생활이 1년을 채워갈 때쯤 심각한 감정적 마비를 겪었고, 이를 다음과 같이 설명했다.

오늘 오후 갑자기 나는 감옥생활에 적응한 결과로 감정능력이 저하되고 있다는 것을 분명하게 깨달았다. 하지만 그 사실 하나만으로도 상황이 주는 압박감을 견뎌내는 것이 가능해졌다. 이 현상을 역설적으로 이렇게 표현하고 싶다. 감정능력의 상실이 고통능력을 증가시킨다. …… 나는 지적 활동을 스스로에게 강제해야 한다. …… 가장 협소하고 진부한 영역만이 내게 남아 있다. 나는 내 감방의 테이블 위에서, 의자 위에서 오크나무 문에 표시를 해가며 집중한다. 나는 이런 사실을 가능한 한 정확하게 파악하고 스스로에게 설명한다. 첫 번째 훈련인데 —뭐라고? 확실히 문학활동은 아니다— 내 관찰력에 대한 시험이다.(1976, p.6)

슈페어는 20년 형기 동안 계속해서 이 상세한 관찰 전략을 이어갔다. 12년 뒤에, 그는 교도소 정원에서 발견한 매 깃털의 정확한 모양을 파악하는 데 소비한 시간을 설명한다.(1976, p.325) 비슷한 종류의 감정 마비는 베트남전쟁 포로수용소 희생자들과 참전용사들에 의해서도 경험되었다.(Freiberger, 1977; Shipko, Alvarez, and Norrello, 1983; Krystal, Giller, and Cicchetti, 1986)

많은 연구들이 의사소통 장애로서, 감정표현불능증이 널리 퍼져 있다는 것을 보여준다. 그러나 다른 증후군과 마찬가지로 일반인들 사이에 확산된 정도에 대한 추정치는 다양하다. 예를 들어, 비록 사용한 계측 도구의 유효성과 신뢰성이 의심스럽지만, 학부생들 사이에서 행해진 한 연구는 남성의 8.2퍼센트와 여성의 1.8퍼센트가 감정표현불능 성향을 가졌다고 주장했다.(Blanchard, Arena, and Pallmeyer,

1981) 그러나 일반인 중에 감정표현불능증을 겪는 사람들의 비율이 어떻게 되든지 그 원인을 파악하는 데 있어서는 커다란 오류가 존재한다. 과연 그 증상은 성격인가 아니면 어떤 상황에 대처하기 위한 행동 유형인가? 감정적 노동과 스트레스를 위해 지불되어야 할 비용인가? 아니면 성격 특성과 상태 두 측면 모두를 가졌는가?(Von Rad, 1984; Ahrens and Deffner, 1986) 아직까지 명확한 해답은 발견되지 않았다.

그럼에도 개인적이든 사회적이든 간에 감정 관리에 식별 가능한 문제가 존재한다는 것은 임상기관의 광범위한 관찰로 입증됐다. 감정표현불능증 같은 현상의 존재는 인간의 기능에서 감정을 느낄 수 있는 능력의 중요성을 강조한다. 또한 보고 듣고 냄새를 맡는 능력만큼이나 중요하다는 것을 암시한다.

이 증상은 이것이 아니면 저것인 양단간의 문제는 아니다. 반대로, 우리 모두는 분명히 여러 수준에 걸쳐 잠재적인 취약성을 지니고 있다. 인식에 영향을 미치는 경험과 표현의 척도로 개개인이 차지하는 서로 다른 위치의 서열화된 차원인 것 같다.(Martin, Phil, and Dobkin, 1984) 우리의 감정표현불능 성향은 우리의 인식과 행동에 어두운 영향을 미칠지도 모른다. 이 정도로 와이트의 "회사원"이 감정표현불능증을 겪는 개인과 유사하다는 것이 놀랍다.

"회사원"의 감정표현불능 성향

아래 심리상담사(A)와 회사 임원(B) 간의 인터뷰에 나오는 답변들을 살펴보자.

A: 무슨 일을 합니까?

B: 데이터 처리 부서에서 일합니다.

A: 업무에 대해 말해줄 수 있습니까?

B: 나는 그 장소를 좋아합니다. 사무실이 좋습니다. 비교적 큰 편이고……, 모퉁이에 있습니다. 햇빛이 잘 들어옵니다.

A: 같이 일하는 동료들은 어떻습니까?

B: 별로 할 말이……, 그들에 대해 무슨 감정을 느끼는지 설명하기가 어렵네요.

A: 더 큰 책임을 맡아야 한다면 어떨 것 같습니까?

B: 잘 모르겠습니다. 제 밑에서 일하던 동료 중 한 명이 최근에 부서장으로 승진했습니다.

A: 그 이야기를 듣고 화가 났나요? 당신 부하였잖아요.

B: 아닙니다. 그 일로 한숨 돌렸습니다.

A: 아내와의 관계는 어떻습니까?

B: 좋습니다. 우리는 결혼한 지 15년 됐습니다.

A: 둘 사이에 문제가 있었던 적은 없나요?

B: 아내가 다른 남자와 외도를 한 적이 한 번 있습니다.

A: 그 문제를 어떻게 처리했나요? 마음이 아팠나요?

B: 그렇게 힘들지는 않았습니다. 그녀가 내게 그 사실을 털어놓았을 때, 괜찮다고 말해줬습니다. …… 지금 대화는 쓸데없는 짓 같아요. 모두 감정 이야기잖아요. 중요한 건 먹고사는 문제들입니다.

A: 지금은 아내와의 관계가 어떻습니까?

B: 가끔 이유 없이 내게 소리를 지르곤 합니다.

A: 아내가 왜 화가 났는지 알아냈나요?

B: 아니요.

A: 자녀가 있습니까?

B: 예.

A: 자녀들에 대해 좀 이야기해줄 수 있습니까?

B: 아들과 딸이 한 명씩 있습니다. 아이들은 잘하고 있습니다.

A: 당신은 요즘 어떻습니까?

B: 3년 정도 전부터 속이 쓰린 증상이 있습니다. 갈수록 심해졌는데 특정 자세를 취하고 있으면 덜 아프다는 것을 발견했습니다. 결국 궤양 천공으로 이어졌습니다. 지금은 약을 먹으면서 식단 관리를 하고 있습니다.

A: 집에서는 주로 뭘 합니까?

B: 텔레비전을 봅니다.

A: 마지막에 봤던 프로그램이 무엇입니까?

B: 기억나지 않습니다. 대개 보고 나서 내용을 바로 까먹는 편입니다.

A: 꿈을 꾼 적은 있습니까?

B: 아니요.

A: 공상에 잠기거나 환상 속에 빠져든 적이 한 번이라도 있습니까?

B: 기억나지 않습니다.

A: 울어본 적이 있습니까?

B: 없습니다.

A: 어떤 일에 대해 흥분한 적이 있습니까?

B: 없습니다.

A: 이곳에 있는 것이 힘듭니까?

B: 회사에서 이곳에 다녀오라고 했습니다.

A: 지금 무슨 생각이 듭니까?

B: 모르겠는데……, 아무 생각이 없습니다. 내가 무슨 이야기를 하길 바랍니까? 내가 무엇을 느끼는지 설명하기 힘듭……, 나는 그렇게 말이 많은 편이 아닙니다.

오래전에 조직생활을 자세히 관찰한 한 사람이 그 특징을 설명했다. "'감정이나 편향됨이 없는Sine ira et studio' 형식주의적 비인간성의 지배, 증오나 격정이 없으므로 애정이나 열정도 없다. 그들을 지배하는 규범은 개인을 고려하지 않는 직접적 의무의 개념이다. 모든 사람을 형식적 평등 속에서 동일하게 대한다. 즉, 같은 상황 속에 놓여 있는 모든 사람에게 그렇다. 이것이 이상적인 관리자가 그의 직책을 수행하는 정신이다."(Weber, 1947, p.340) 관료에 대한 막스 베버의 설명은 위 인터뷰에서 나오는 임원의, 딱딱하고 무감정하며 진부한 행동과 대답을 떠올리게 만든다. 그의 대답은 그에게 감정이 차지하는 공간이 얼마나 협소한지 그리고 감정에 대한 질문을 받았을 때 얼마나 외부 사건의 설명에 의지하려는 경향이 있는지를 보여준다. 많은 감정표현불능 사례처럼 그의 행동은 과적응 상태로 보인다. 업무적으로 탁월해 보이는 첫 인상 뒤로 상상력의 부재와 생각의 단조로움이 발견된다.

거대 조직은 개인이 조직문화에 묻힐 수 있는 이상적인 기회를 제공하기 때문에 감정표현불능증을 겪는 사람들에게 매우 매력적일 수 있다. 많은 조직이 다른 환경에서는 이상하게 여겨질 수 있는 행동을 정당화하는 환경을 제공한다. 그렇게 함으로써, 그들은 일종의 체계를 제공한다는 측면에서 그 증상을 완화시켜준다. 이 체계는 감정표현불능 증상에 따른 행동을 감추기 쉽게 도와주고, 그 특징적 성격을 "포함"하는 환경을 제공한다.(Bion, 1961) 더욱이 위에서 설명한 바와 같이 2차적 감정표현불능 증상의 존재 가능성을 받아들인다면, 우리는 특정 유형의 조직이 직원들의 잠재된 감정표현불능 증상을 깨워내는 감각 마비 특성을 가지고 있음을 알 수 있다.

우리 대부분은 관리 관련 분야에서 이 증상을 보이는 사람들을 만난다. 정장을 차려입은 예의 바른 사람들이 필요 이상으로 올바른 소리를 늘어놓고, 그들의 회사는 얼마 지나지 않아 끔찍한 따분함을 만들어낸다. 냉담한 사람들의 타인에 대한 관심은 금방 형식적인 것으로 드러난다. 절대 안전한 범주를 벗어나려 하지 않고, 그로 인해 아이디어, 업무, 그리고 결과 모두에서 평범함을 벗어나지 못한다. 이런 사람들은 대부분 그런 식의 처신을 통해 편안하다는 인상을 주지만 그들이 보여주는 스트레스 징후는(대개는 오랜 기간 속으로 숨기지만) 그렇지 않다는 것을 보여준다. 궤양으로 장에 구멍이 뚫릴 때까지 방치한 위 임원의 사례가 이를 증명한다. 이 증상에 따른 행동은 개인적인 피해에서 멈추지 않는다. 주변에서 같이 일하는 동료들과 조직에 엄혹한 악영향을 미칠 수도 있다.

이 증상을 가진 사람은, 특히 거대 조직에서 매우 성공적인 모습을 보여주는 경우가 많다. 왜냐하면 큰 조직에서는 위험한 행동을 하지 않고, 올바른 소리를 늘어놓고, 예측가능하고, 너무 튀지 않는 행동이 대개 보상을 받기 때문이다. 많은 조직들이 개성이 강한 독립적인 사람이나 창조적 행동보다는 예측가능성을 좋아한다. 위험을 무릅쓰지 않는 사람들은 비용이 큰 실수를 저지르지 않기 때문이다. 그러나 이런 사람들을 고용하면 다른 직원들에게 완전히 잘못된 역할 모델을 제시할 가능성이 클 뿐 아니라 탁월함을 배척하는 어중간하고 평범한 분위기를 만들 수 있다.

두 가지 유형의 조직이 감정표현불능 행동을 끌어내는 것 같다. 강박적인 조직과 우울한 조직이다. 이미 나는 앞선 연구에서(Kets de Vries and Miller, 1985, 1986, 1988) 이런 유형의 전형적 조직(지금은 리더에 관한 논의에 집중하기 위해 최대한 단순화시켰다)에 대해 서술했다. 강박적인 조직은 관료적이고 내부에 집중하는 경향이 있다. 엄격한 계급체계로 개인 자체보다는 직급을 더 중요시한다. 리더는 최고위직부터 최하위직까지 조직을 지배하면서 규칙과 절차에 엄격하게 순응할 것을 요구한다. 프로그램된 그리고 표준화되고 규칙적인 조직생활에 맹종하듯이 집착하는 것이 기준이다. 다른 요소들을 배제하기 위해 확립된 협소한 라이트모티프(오페라나 다른 작품들에서 특정 인물·물건·사상과 관련된, 반복되는 곡조-옮긴이)에 전략적으로 의존한다. 공식적인 관례, 의례적인 평가 절차, 그리고 위험 혐오가 결합해 어떤 형태의 변화든지 제안하기 극도로 어렵게 만든다. 제록스, 필립스, 그리고 피아트같이 규칙-규제 지향이 매우 강한 기업문화를 가진 회사들이 이런 조직 유형의 특징 중 일부를 보여준다. 그러나 이러한 특별한 예에서, 조직의 긍정적인 측면은 여전히 부정적인 측면보다 더 큰 것으로 보인다.

우울한 조직도 여러 측면에서 이와 유사하다. 하지만 내용은 더 안 좋다. 매우 오래된 이른바 성숙시장에 주로 나타나고 대개는 방향감각 없이 표류하는 경우가 많다. 조직의 생존은 보호주의 관행에 달려 있으며, 극단적인 보수주의, 모호한 목표와 전략, 계획 부재 등이 특징이다. 구조적으로 이런 조직들은 관료적이고 의례적이며 융통성이 없다. 리더십이 부재하며 동기부여나 진취성은 찾아볼 수 없다. 그리고 부정적이며 수동적인 자세가 만연한다. 시장 분석을 하지 않고 의사소통이 잘 이루어지지 않아 시장의 동향에 무지하다. 조직의 분위기는 냉담해서 변화를 무척 싫어하고 의사결정 하는 것을 무서워한다. 기업의 창립자가 죽은 이후에 디즈니가 유사한 상태의 시기를 겪었다. 월트 디즈니가 죽은 이후 경영진은 마비된 듯이 보였다. 정부 소유의 많은 기업들이 이런 범주의 조직으로 전락한다. 그럼에도 정부의 보호로 인해 상당 기간 이런 방식으로 계속 운영해나가며 생존한다.

이런 두 유형의 조직 모두 감정표현불능 증상을 가진 사람들을 위한 이상적인 피난처가 된다. 감정이나 반응을 표현하는 것이 선뜻 허락되지 않기 때문이다. 모든 것을 집어삼키는 것 같은 이런 기업문화의 속성 때문에 개인에게 미치는 영향도 결코 낮잡아 봐서는 안 된다. 비록 다른 조직들도 추종자들에게 비슷한 영향을 미치기는 하지만 일부 강박적이고 우울한 조직에서 발견되는 바 구성원을 마비시키는 독특한 특성을 찾아볼 수는 없다.

주의사항으로, 특히 서비스 분야의 많은 조직들이 직원들의 감정을 관리하기 위해 많은 노력을 해야 한다는 점을 언급해야 한다. 우리는 모두 비행기 승무원, 은행 창구직원, 전화교환원의 의미 없는 응대 —“좋은 하루 되세요”, “그랜드 호텔에 전화주셔서 감사합니다”— 에 익숙해져 있다. 이런 응대가 관행화된 행동의 징후다. 직원의 행동과 감정을 조작할 수 있는 임원들의 능력은 대개 우수한 경쟁력으로 평가된다. 델타나 캐세이 퍼시픽 같은 항공사들과 디즈니 월드 같은 엔터테인먼트 회사들은 이 방향으로 먼 길을 갔다. 예를 들어, 고객 친화적이라고 자부하는 디즈니 월드에서는, 조사팀이 직원들의 고객 관리를 감시하고 의사소통에 장애가 발생하지 않도록 한다. 모든 직원들은 세뇌 수준의 교육과정을 거쳐야 하며, 정교한 매뉴얼은 어떤 상황에서든 회사가 생각하는 적절한 대응이 무엇인지를 보여준다. 이런 회사들은 직원들에게 각각의 당시 분위기에 따라 적절한 시기에 올바른 감정을 보여줄 것을 요구한다. 일부는 자신의 감정을 유지하고 최소한의 진정성을 잃지 않기 위해 이런 형태의 조작을 거부한다. 다른 사람들은 이런 유형의 감정 제어에 더 취약하고 쉽게 영향을 받는다. 순응과 진정성 사이에 생겨나는 긴장감은 사람들의 감정적 그리고 심리적 건강에 큰 충격을 줄 수 있다.

감정 조작을 중심 철학으로 삼는 조직에서 감정표현불능 특성이 없는 사람들은 어떻게 오랜 기간 버텨낼 수 있을까? 사회학자 앨리 러셀 혹실드A. R. Hochschild는 그녀의 책 『감정노동The Managed Heart』(1983)에서 "자아의 관점에서 영혼의 여백이나 육체적 측면 모두 노동자는 소외되고 소원해질 수 있다"고 걱정한다. 그녀는 업무와 자신을 동일시하고 그에 따라 생겨나는 거짓 자아(Winnicott, 1975)를 인식하지 못하는 사람들은 심리적 번아웃의 위험이 있다고 믿었다. 감정표현불능 증상이 없는 일반인들도 강하게 감정을 조작하는 조직에서 일을 하면 감정 마비로 고통을 받을 수 있다. 조직에서 요구하는 역할과 실제 자아를 분리하는 능력을 잃고 자신의 감정을 구분할 수 없게 된다. 달리 말하면 그들은 감정표현불능증과 비슷한 증세를 겪게 된다.

개인적 형태

최고경영자가 감정표현불능 성향의 행동을 반복하면 조직에 심각한 결과를 초래할 수 있다. 무심한 CEO를 사례로 들 수 있다. 하지만 우리는 이런 유형의 행동을 밝히기 위해 최고경영자까지 올라가 살펴볼 필요는 없다. 특정 종류의 일은 감정표현불능 성향과 잘 맞아떨어진다. 두 가지 유형의 사람들, 즉 내가 시스템적 인간과 눈치꾼 social sensor이라고 규정한 사람들은 흔히 조현병에서 관찰되는 행동 유형을 보인다.

무심한 CEO

경우에 따라 최고경영자는 감정을 다루는 데 큰 고충을 경험한다. 감정적으로 휘말리는 것을 방지하기 위해 이 사람들은 냉담한 자세를 개발한다. 하지만 그들의 감정적 고립은 조직에 심각한 영향을 미칠 수 있다. 방향감각을 제공하는 것과는 별도로 고참 임원은 부하들의 감정을 담는 창고가 되어야 한다. 좋은 임원은 이런 점에서 정신과의 사회복지사와 같다. 뛰어난 임원은 날마다 회사에 감정적 자극을 부여하는 역할을 담당한다. 왜냐하면 부하들의 뇌리를 사로잡는 생각을 이해하는 것이 그들에게 동기를 부여하는 데 있어 핵심 열쇠이기 때문이다. 부하들의 의존적 요구에 대응하지 못하거나 거부하는 것은 혼란, 원망, 공격성을 야기할 수 있다.(Kets de Vries and Miller, 1985, 1986, 1988) 고도로 정치화된 조직문화에서는 사람들이 손에 들린 업무보다는 자신만의 조그만 영역을 지키는 데 더 집중한다. 그리고 전투적이고 비협조적인 각자의 영토를 만들어내고 자유로운 정보의 흐름을 막는 장벽을 세운다. 이런 조직문화에서 구성원이 내부에만 집중하고 자기 결정적 성향을 갖게 되는 것은 놀라운 일이 아니다. 조직 전략은 대개 갈피를 못 잡고 흔들리고 뒤죽박죽인데 어느 파벌이 CEO의 귀를 사로잡느냐에 따라 방향이 달라진다.

어떤 조직에서는 CEO가 "높은 산에 살며 가끔 몹시 추운 곳에서만 볼 수 있는 예티(발자국만 알려져 있을 뿐 그 정체는 아직 밝혀지지 않은 눈사나이라고 불리는 수수께끼의 동물-옮긴이)"라고 표현된다. 이 남자는 고독을 무척 즐기며, 일 대 일로 사람을 만나는 것을 불편해한다. 그리고 경직되고 유머가 없는 어색한 모습을 보여준다. 이런 개인적 스타일이 자신에게만 영향을 미친다면 아무런 문제가 되지 않겠지만 불행히도 그는 거대 조직을 이끌고 있다. 회사의 일상 기능에 대한 그의 무심함은 기업문화와 정책 입안 과정에 심각한 영향을 미친다. 그의 핵심 임원들은 조직이 그들에게 무엇을 바라는지 확신하지 못하고 자신의 영역 안으로 움츠러들어 자기만의 제국을 세우기 시작한다. 그 결과, 협조의 부재, 열등 최적화, 내부 긴장감 고조, 그리고 일관되지 못한 전략 등 수익성에 심각한 영향을 미치는 요소들이 발생한다.

시스템적 인간

의사소통에 어려움을 겪는 많은 사람들이 감정표현불능 성향과 관련이 있다. 기술혁명은 엄청난 촉진제 역할을 했다. 타인과 관계 맺기를 할 때 만날 수 있는 문제들이 기계를 성공적으로 조작하는 능력 속에 숨는다. 시스템적 인간은 자동화와 비슷한 방식으로 살아간다.

고정된 방식에 매달리고 사람들과의 관계를 피한다. 자신의 방향은 컴퓨터 단말기에 의해 정해진다. 또한 이런 방식은 그런 사람이 필요로 하는 모든 자극을 충족하는 것으로 보인다. 시스템 중심의 조직은 이런 감정표현불능 증상을 가진 사람들에게 훌륭한 수준의 환경을 유지해준다. 그들은 사물 지향적인 업무에 의존할 수 있다. 추상적 개념, 과업, 아이디어, 무생물적인 대상에 관심을 집중할 수 있다. 기계에 대한 집착은 그들 내면세계의 황량함에 대처하기 위한 방법이다. 임상의와 한 임원 간의 앞선 인터뷰는 이런 유형의 사람이 갖는 정신상태를 보여준다. 많은 감정표현불능 환자들이 이런 환경에 극도로 잘 기능할 수 있다고 하더라도 종종 무관심하고 융통성 없이 판에 박힌 일상을 쫓는 것은 호기심과 진취성을 상실했다는 의미가 된다. 아마도 그들은 환경 변화에 대처할 수 있는 충분한 적응력을 갖지 못할 것이다. 조직에 대단히 파괴적인 영향을 미칠 수 있는 결함이다.

눈치꾼

그가 주변에 있을 때의 분위기를 설명하기란 쉬운 일이 아니다. 그는 보육원의 모든 전등과 장난감의 전원을 켜는 어른 같다. 그러면 장난감은 마법처럼 돌아다니다가 얼어붙어 다시 장난감으로 돌아갔다. 부서에 새로 온 사람들에게 미치는 영향을 직접 봐야 한다. 그들은 그가 얼마나 매력적인지에 대해 이야기를 시작하다가 잠시 후 표정에 불편함과 당혹스러움이 자리를 잡는다. 그를 알아가는 것은 모래에 구멍을 파는 것과 비숫하다. 뭔가 찾아내기를 바라지만 더 깊이 파고들수록 더 많은 젖은 모래만이 나온다. 그리고 구덩이는 무너져 내려 지금까지 한 일이 모두 헛수고가 된다. 그는 사람들에게 관심이 있어 보인다. 항상 질문을 하고 미소를 짓는다. 하지만 얼마 안 가 그가 한 질문이 사람들과의 거리를 유지하기 위한 방법이라는 것을 깨달을 수 있다. 그리고 그가 모든 일에 웃음을 터뜨리는 이유가 자연스런 유머감각이 없다는 사실을 감추기 위해서라는 것을 알 수 있다.

인터뷰를 하면서 한 임원이 말한 위 내용은 눈치꾼이 만들어내는 분위기를 잘 보여준다. 눈치꾼은 여러 가지 방법으로 카멜레온처럼 행동한다. 재빨리 외부세계의 신호를 알아채서 자신의 행동을 그에 따라 조절한다. 쉽게 예상할 수 있듯이, 눈치꾼은 서비스 중심 기업에 매우 잘 적응한다. 감정노동이 기준이 되는 곳이다. 하지만 그들의 모든 노력에도 불구하고, 그리고 이런 표면적 적응능력에도 불구하고, 그들의 행동에는 확신이 결여되어 있다. 비록 처음에는 완전히 정상적이고 놀라울 정도로 적응을 잘한다는 인상을 줄 수 있지만 이 겉치레 아래에는 진정한 따뜻함이 빠지고 절박한 얄팍함만이 있다는 사실이 금방 드러난다. 변화할 수 있는 능력이 그들이 가진 유일한 고정된 특성이다. 그래서 결국은 진실은 가장되고 허위로 쌓은 신뢰는 무너진다. 그들의 초적응력과 친절에는 오직 하나의 목적만이 있다. 감정에 얽히는 것을 피하는 것이다. 적응력으로 보이는 것은 실제로는 주변 사람들의 반응과 감정에 대한 불감증이다. 외향성의 가면은 창의력과 통찰력에 장애를 주는 그들 내면의 공허함을 위장하려는 것이다.

제인 로웰(가명)은 항공사의 비행 감독관이었다. 그녀는 오랫동안 모범적인 직원이었다. 에너지가 넘치고 열심히 일했으며 업무의 효율 또한 굉장히 높아서 다른 사람들의 모범이 됐다. 그녀는 언제나 승객이나 동료가 주는 신호에 쉽게 맞추는 법을 찾았다. 불행히도, 주변에 잘 맞춰 들어가는 그녀의 메커니즘에 뭔가 이상한 일이 일어났다. 그녀가 직장에서 부적절하게 처신하기 시작했다. 고객에게 제시간에 응대하지 못해 고객 불만이 늘어났고 허공을 멍하니 쳐다보는 모습이 목격되기도 했다. 이런 비난에 부딪히면 로웰은 최근에 몸에 문제가 많이 생겼다고 설명했다. 평생 앓아왔던 알레르기와 위장장애가 평소보다 심해졌다고 말했다. 제인에게 육체적 건강 문제 이상의 뭔가가 있다고 느낀 항공사의 인사 부서는 그녀에게 치료사를 만나보라고 제안했다.

치료사와 상담하는 동안 로웰은 육체적 건강 악화가 감정 경험을 대체하면서 그녀의 몸이 더 이상 습관적 행동에 따르지 않기 시작했다는 것을 깨달았다. 생생하고 반항적인 몸의 감각이 일터에서의 감정노동 교류보다 더 살아 있다는 느낌을 줬다. 치료사는 로웰이 자신의 감정을 인식하는 데 어려움이 있다는 것을 자각하도록 도와줬다. 여러 측면에서 항공사의 일은 그녀에게 이상적이었다. 감정 관리에 잘 대응했으며 그녀 자신의 감정에 따르는 책임을 피할 수 있었다. 항공사의 매뉴얼과 훈련 수업은 특정 상황에 대처하는 법을 그녀에게 정확하게 가르쳤다. 하지만 이를 위해 그녀가 지불한 비용은 컸다. 로웰은 시간이 흐르면서 스스로의 감정에 대한 그녀 내면의 혼란이 더욱더 위태로워지고 있다는 것을 깨달았다. 새로운 관계를 형성할 수 없는 무능력과 남자친구와의 결별이라는 결말이 찾아왔다.

그녀는 당장 해결해야 할 문제들과 관련해서 그녀의 엄마가 어떤 원인을 제공하지 않았는지를 조사했다. 아빠는 엄마가 로웰을 낳은 후 바로 그녀를 버렸다. 그리고 엄마는 자신의 불안한 에너지를 모두 아기를 향해 쏟아부었다. 아기 때 로웰은 여유 있는 정신적 공간이 허용되지 않았다. 엄마가 항상 로웰의 감정, 생각, 그리고 판타지를 조종할 수 있는 것처럼 보였다. 마치 항공사가 나중 그녀의 삶에 그랬던 것처럼. 육체적 건강의 붕괴는 —원시적이고 비언어적 선택이지만— 로웰이 스스로 살아있다는 것을 확인할 수 있는 유일한 방법이었다. 청소년기에 겪었던 그녀의 거식증도 이제는 더욱 잘 이해할 수 있게 되었다. 먹는 것을 거부하는 것은 그녀 자신의 정체성을 확립하려는 비뚤어진 방법이었다.

치료사의 도움으로 로웰은 점점 자신의 감정을 알아차리는 데 능숙해졌다. 어린아이가 사물의 이름을 익히듯이 그녀는 차츰 어떤 상황에 어떤 감정을 느껴야 하는지를 알 수 있게 되었다. 그녀 자신으로서 살아가는 데 자신감이 생겼을 때, 로웰은 항공사를 떠나기로 결정했다. 조작된 감정에 따르지 않기 위해, 또 예전의 행동 패턴으로 돌아갈 위험을 피하기 위해 그녀는 다른 직장을 찾는 것이 현명하다고 생각했다.

해답 찾기

일부 임원들이 감정표현불능 성향을 이미 가지고 있거나 감염될 여지가 있다는 사실이, 그 증상이 1차적이든 2차적이든, 상황이 바뀔 수 없다는 것을 의미하지는 않는다. 하지만 무감정의 악순환을 끊는 것이 쉬운 일은 아니다. 불행히도 그런 상황을 해결할 수 있는 빠른 처방은 존재하지 않는다. 변화를 도모한다면, 조직생활에 생기를 불어넣으려 한다면, 지속적인 노력이 필요하다.

시스템적 측면에서 조직은 실험과 참여를 독려하는 구조적인 준비를 할 수 있다. 또한 그런 행동을 촉진하기 위해서는 창의적인 고용, 훈련, 그리고 개발 실습이 필요하다. 이를 통해 조직이 복제인간들로 가득 차는 것을 피할 수 있다. 지속적인 적응과 개발이 가능하도록 조직의 시스템과 문화에 충분한 유연성이 구축되어야 한다.

개인 관점에서는 역할 모델이 무척 중요해진다. 비즈니스계의 위대한 영웅들은 과감하게 뛰어드는 사람들이다. 잭 웰치, 리처드 브랜슨, 스티브 잡스, 래리 엘리슨 등 "뱃속에 불을 품고" 감정을 즉흥적으로 표현하는 데 두려움이 없는 사람들이다. 하지만 임원과 "회색 플란넬 정장을 입은 남자"가 자주 동의어로 쓰일 만큼 즉흥적인 감정을 보이는 것은 문제적 행동으로 간주되고, 일반적으로 튀는 행동은 임원실로 오르는 여정에 도움이 되지 않는다고 여겨진다. 조직 내부에 과감한 행동과 상상력의 도약, 열정 그리고 비전을 위한 공간과 여지가 있다는 사실을 각 구성원들이 알게 할 필요가 있다. 여기에는 조직뿐만 아니라 임원 개인에게도 책임이 있다. 개인은 솔선해서 예방책을 세워야 한다. 이 점에 대해 와이트는 한발 더 나아가 노골적으로 전투적인 태도를 주장한다.

> 회사원은 자신을 꼼짝 못하게 하는 거대한 사회적 힘에 사로잡혀 있지 않다. 선택지가 있다. 그리고 지혜와 예지력으로 그는 우리의 생각을 따라다니며 괴롭히는 비인간적인 것들을 떨쳐버리고 미래를 바꿀 수 있다. …… 그는 조직과 싸워야 한다. 이기적이거나 어리석지 않게. 개인적 자기주장에서 흠이 발견되면 협력관계에서 문제가 발생했을 때보다 존중받지 못한다. 하지만 그는 반드시 싸워야 한다. 항복에 대한 강요는 지속적이고 강력하기 때문이다. 그리고 조직생활을 좋아하게 될수록 이 요구에 더 저항하기 힘들기 때문이다. 심지어 알아채는 것도 더 힘들어진다. 사회와 그 사이에 아무런 갈등도 필요치 않다는 망상을 단단히 붙들어야 한다는 조언은 참담하고 사람을 의기소침하게 만든다. 갈등은 항상 존재했다. 항상 그랬을 것이다.(1956, p.404)

혁명을 설파할 필요까지는 없다. 하지만 효율적인 조직을 만들기 위해서는 임원들이 자신의 감정을 인정하고 자기 관찰 능력을 연습할 수 있도록 도움을 주기 위해 노력해야 한다. 많은 임원들이 무언가에 대해 균형 잡힌 고려 없이 바로 행동하고 마는 경향은 세심하게 모니터링돼야 한다. 유머를 사용하고 즐길 수 있는 능력, 꿈을 향한 비행에 건설적으로 참가하는 법을 배워야 한다. 이런 능력들로부터 비전과 진정한 적응력이 생겨난다. 임원진은 자신의 감정과 맞대면할 수 있어야 하고, 자신들에게도 일정부분 책임이 있는 감정적 균형이라는 허상의 수감자로 남아서는 안 된다. 자신의 진정한 자아를 위장하는 데 에너지를 버려서는 안 되며 행동으로 진실성을 보여줘야 한다.

그들은 유아기의 고정관념과 목적을 극복하기 위해 노력해야 한다. 그러기 위해서는 창의적인 경험과 판타지를 만들어내는 행위가 장려되어야 한다. 역설적으로 가끔은 지시된 방향으로 이런 상상력이 발휘되어야 하더라도 말이다. 이 과업이 꼭 치료사, 코치 그리고 상담사만의 전문분야인 것은 아니다. 조직의 리더는 그런 관행을 육성하는 데 중요한 역할을 할 수 있다.

더욱 중요한 것으로, 리더는 자신의 행위를 통해 감정을 표현하는 것이 용납되는 행위라는 것을 보여줄 수 있다. 결국, 조직생활에 의미를 주는 것은 열정이다. 또한 조직의 리더는 감정 표현의 다양성을 격려해야 한다. 그리고 미리 정해진 판에 박힌 틀에 집착해서는 안 된다. 물론, 이런 실행이 효과를 보이려면 조직 내부에 신뢰가 형성돼 있어야 하는 것은 필수적이다. 임원진이 일과 관련된 감정 표현이 경력 관리에 부정적인 영향을 미치지 않는다는, 그리고 역발상이나 비판 주고받기, 상상력의 여지가 허용된다는 느낌을 받아야 한다. 그들은 W. B. 예이츠의 시구를 마음속에 새겨야 한다. "논리나 이성으로 우리는 죽고, 상상력으로 우리는 산다."

5장

Leaders, Fools and Impostors

균형 잡힌 리더십을 위하여

현명한 남자에게는 인생을 걸어야 할 말들이
광대가 지껄이면 놀라울 정도로 즐겁다.

_에라스무스, 『우신예찬(In Praise of Folly)』

사람들의 광대짓이 분별 있는 행동보다 덜 진실하다고
생각하는가?
거기에 더 많은 진실이 있다. 그곳에 오직 진실이 들어 있다.

_조지 버나드 쇼, 『캔디다(Candida)』

아이스킬로스가 쓴 희곡 『페르시안The Persians』에서 페르시아의 왕 크세르크세스의 아버지 다리우스의 유령이 살라미스 해전에서의 참담한 패배를 한탄한다.

그래서 이제 우리 온 집안에서는 굳건한 슬픔의 샘이 열리게 되었다.
그리고 젊은이의 무모함에 빠진 내 아들이,
신들의 길을 알지 못한 것이 모든 것의 원인이 되었다.
그는 거룩한 개울인 보스포러스를 막고,
헬레스폰트를 노예처럼 족쇄로 묶기를 바랐다.
그는 자연을 빼앗고, 바다를 육지로 바꾸고, 쇠로 된 해협을 만들어
군대를 위한 대로를 만들곤 했다.

그는 그의 치명적인 어리석음 속에서
불멸의 신들, 심지어 포세이돈까지도 제압할 생각을 했다.
이런 광기가 그를 사로잡은 것이 아니었을까?

크세르크세스가 군대를 이끌어 헬레스폰트를 건너가려는 시도를 폭풍이 망쳤을 때, 그는 바다에 채찍질이라는 벌을 내렸다. 하지만 아이스킬로스가 들려주었듯이 신은 오래전에 페르시아 사람들은 땅 위에서만 영예를 구하라는 운명을 내렸다. 신의 의지를 거스른 크세르크세스의 시도는 오만에 따른 행위로 나쁜 결말을 맞았다. 기원전 479년 9월 29일 그리스에 대항해 크세르크세스가 시작한 해전은 페르시아의 참패로 끝났다. 그의 사촌형제이자 대장군이었던 마르도니우스는 그의 군대와 함께 보급로도 없이 테살리아에 버려진다. 이어진 전투에서 마르도니우스는 살해당하고 점령군의 철수로 이어진다.

오만에 따른 행위가 모두 이런 극적인 결과를 갖는 것은 아니다. 그들이 모두 신과의 어마어마한 대결을 벌이지는 않는다. 하지만 리더의 넘치는 자신감, 자만, 교만은 위와 유사하게 조직에 처참한 결과를 불러올 수 있다. 1991년 4월 23일, 영국에서 가장 큰 귀금속 소매상 체인의 회장인 제럴드 레트너는 런던에서 열린 기업가협회 연례회의에서 약간 재미있는 연설을 했다. 그의 요지는 회사가 불경기 동안에 세심한 보살핌을 받고 키워져야 한다는 것이었다. 그는 공격적인 마케팅, 무자비한 저가 경쟁, 이윤폭에 대한 세심한 관찰과 결합된 접근방식으로 회사를 지속적인 성공으로 이끌었다. 그러나 그날

불행히도 그는 자사가 판매하는 보석과 다른 품목의 품질에 대해 몇 가지 농담을 던져 이런 평가를 무색하게 만들었다. 그는 이렇게 말했다. "우리는……, 집사가 당신에게 음료를 내오는, 은도금 쟁반에 여섯 개의 잔으로 된 커트글라스 셰리 디캔터 세트를 모두 합쳐 4.95파운드에 팝니다. 그럼 사람들이 묻습니다. '어떻게 그렇게 싸게 팔 수 있죠?' 그럼 제가 대답합니다. 그건 완전 쓰레기total crap이기 때문이죠." 그는 전에도 여러 번 같은 농담을 했었고, 언제나 청중에게 잘 통했다. 이는 그들 중 누구도 래트너즈의 제품 라인에 대한 가격과 품질에 대해 어떤 환상도 품고 있지 않았기 때문이었다. 그러나 그 행사에서 한 그의 발언은 영국 언론에 의해 널리 보도가 되고 말았다. 래트너즈 사의 주식을 다루던 많은 재무 분석가들은 그룹 회장의 풍자에 호의적으로 대응하지 않았다. 그리고 그들의 반응은 다음 날 영국 미디어, 특히 타블로이드 신문에서 쏟아내기 시작한 추문과 분노에 비하면 아무것도 아니었다.

그 후 몇 주 동안 전국의 래트너즈 사 매니저들은 의도적으로 지역 매장에서 프로모션과 홍보를 진행하면서 그들 회장이 내뱉은 부주의한 발언이 미친 부정적 영향을 줄이려고 노력했다. 사실 부끄러움을 모르는 직설적인 자세가 래트너즈를 성공으로 이끈 동력이었다. 회장은 그의 고객들이 이미 잘 아는 사실을 말했을 뿐이었다. 천박함이 그룹 제품 라인과 프로모션 기법의 특징이었다. 회장의 개인적인 스타일이 그의 가게 이미지와는 아무런 관련이 없다는 것을 누구나 알았을 것이다. 그는 메이페어에 타운하우스, 런던 외곽 강변에 별장을 가지고 있었다. 메르세데스 벤츠를 몰았고 기사가 딸린 벤틀리도 가지고 있었다. 옷은 세빌 로(런던의 고급 수제 양복점이 늘어서 있는 거리-옮긴이)에서 지어 입었고 카르티에 시계를 찼다. 그의 상점에 진열된 결혼반지나 다른 보석류는 그의 몸에서는 보이지 않았다. 모든 영국 거리의 래트너즈 가게 창문에서 현란하게 번쩍거리는 광고판의 특가 세일을 보고 이끌리는 고객들은 그 회사의 회장과 그 회사가 파는 상품에 그런 현란한 가치 차이가 있다는 것을 미리 알고 있었다고 하더라도 그렇게 화를 내지는 않았을 것이다. 래트너는 그들이 원하는 것을 제공했다. 저렴하고 화사한 보석을 정말 싼 가격에 팔았다. 사람들에게 분노를 일으킨 것은 그리고 그의 가게에서 사람들을 몰아낸 것은, 자사 제품에 대한 그의 모욕에 그 제품을 구입하는 고객들에 대한 모욕도 암시되어 있었기 때문이다. 희희낙락 성공가도를 달리던(그 당시에) 분위기에 휩쓸려 제품을 조롱해서 싸구려 웃음을 얻으려 했던 제럴드 래트너는 크나큰 타격을 입었다. 그 누구도 회장이 광대짓을 하거나 고객을 조롱하기를 바라지 않았다.

래트너의 발언은 오만에서 비롯된, 과장된 자신감에 따른 것이었다. 그는 자신이 성공가도를 달린 핵심 이유를 알고 있었다. "우리가 모두의 예상을 뛰어넘든 그렇지 않든 내 재정에는 큰 차이를 만들지 않지만 내 자아와 자존심에는 많은 차이를 만든다. 한마디 안에 들어 있다. 자아."(Bowditch, 1992, p.23 인용) 그를 성공하게 만들었던 자기중심주의, 화려함, 그리고 유머가 이번에는 그를 너무 멀리 보내버렸다. 이 생각 없는 발언이 깊어지는 불경기와 몇 번의 값비싼 자회사 취득, 합병과 겹쳐 래트너즈 그룹을 무릎 꿇게 했다. 1991년 4월과 1992년 1월 사이의 9개월 동안 그룹의 가치는 4억 6,000만 파운드에서 5,400만 파운드로 떨어졌다. 1992년 8월까지 6개월 동안 그룹은 3,070만 파운드의 손실을 입었다. 그 무렵 래트너는 최고경영자로 남아 있던 그룹 회장 자리에서 물러났다. 그러나 1992년 10월이 되자 분석가들은 래트너가 이 회사에 대한 모든 경영이익을 포기해야 그룹의 회복이 보장된다고 주장했고, 격분한 주주들은 그의 50만 파운드가 넘는 급여를 '터무니없다'고 비난하며 그를 몰아내려고 했다. 마침내 1992년 11월 25일 래트너는 다음과 같이 말하면서 회사를 그만두었다. "내가 끌어들인 미디어의 계속되는 네거티브 공세는 이 결정이 그룹과 그룹을 위해 일하는 사람들에게 이익이라고 믿게 한다."(Waller, 1992, p.21 인용) 《타임스》는 다음과 같은 헤드라인으로 그의 사임을 보도했다. "제럴드의 작은 보석에 대한 농담은 지나쳤다."(Waller, 1992, p.21) 오랜 세월이 지난 이후에도 기업가협회에서 한 그의 연설은 여전히 그룹의 극적인 몰락과 개인적 실패의 원인으로 회자되고 있다.

권력에는 자만심과 교만이 뒤따른다. 그러므로 오만은 리더십 연구에서 반복되는 테마다. 리더와 추종자의 동등하지 않은 관계에서 많은 리더들은 저열한 인간들을 위해 만들어진 규칙을 자신은 위반할 수 있다고 당연하게 여긴다. 문제는 오만이 주는 위험신호에 어떻게 관심을 기울이게 만들어, 보고 싶은 것만 보는 리더의 행위를 어떻게 막아내느냐는 것이다. 리더의 행위는 추종자들의 우상화 과정에서 더욱 강화되기에 막기가 쉽지 않다. 리더/추종자 관계에 내재된 당사자들을 퇴행시키는 힘에 대항하는 것은 가능한가? 그리고 만약 그렇다면 어떻게 조직이라는 환경에서 효과를 발휘하게 만들 것인가?

나는 이러한 문제들에 맞서기 위한 효과적인 수단이 역사적으로 중요한 역할을 한 광대의 현대적 해석에 있다고 본다. 전통적으로 현자/광대는 리더와 추종자들 사이에 중재자 역할을 하여 깊이 있는 정보(즉 직접 관찰되는 표면을 넘어서는 것)를 전하고 의식적으로 또는 무의식적으로 사건의 기본적 의미를 찾아냈다.(Geertz, 1973, 1983; Willeford, 1969; Kets de Vries and Miller, 1987) 이런 식으로 조직 관점에서 살펴보면 래트너의 실수는 자신의 역할에서 벗어난 것이었음을 알 수 있는데, 그는 좋든 싫든 현인으로 캐스팅되었고 광대 역할을 하고 싶은 유혹을 억눌렀어야 했다. 그는 영국 전체를 통틀어 래트너즈 제품을 "완전 쓰레기"라고 불러서는 안 될 유일한 사람이었다. 에라스무스의 아포리즘(이번 장 시작 부분에 인용된)은 명언 이상의 의미가 있다. 『우신예찬』은 오만의 효과를 제한하는 관점에서 광대와 리더의 전통적 관계 속에 들어 있는 특별한 가치를 고찰한다.

오만의 위험

오만은 통제되지 않는 나르시시즘의 예측 가능한 파생물이다. 리더십과 권력을 향한 욕구의 핵심 동력인 나르시시즘은 일단 리더십과 권력이 확보되면 자주 발현된다. 프로이트가 지적한 대로 "아무도 사랑하지 않는 리더를 보면……, 완전히 자기도취적이고 자신감이 넘치고 독립심이 강하다."([1921] 1953c, pp.123-124) 자신만의 세계로 쉽게 물러날지도 모르는 그런 리더는 근시안적이고, 아집이 셀 수 있고, 다른 사람의 충고를 구하거나 받아들이는 데 어려움을 겪을 수 있다. 많은 경우 그들은 자신만의 현실을 창조하고 그렇게 함으로써 발생할 수 있는 부정적인 결과에는 단호하게 눈을 가린다. 앞서도 말했듯이, 리더와 추종자의 관계에 의해 상황이 더욱 악화될 수도 있다. 항상 이성적인 관계가 될 수는 없기 때문이다. 때때로 일종의 상호 퇴행이 일어나 상황에 부적절한 행동을 야기한다. 리더가 추종자들에 의해 이상화되고 반사되는 전이 패턴은 이러한 퇴행적 과정의 핵심인 것 같다. 그동안 실제 인물과 현실의 모습은 사라진다.

오만으로 이어지는 일종의 원시적 방어기제에 휘말리지 않고 현실을 직시할 수 있는 사람은 드물다. 대개 사람들은 감응성 정신병 또는 집단사고의 희생자가 되어 비이성적인 의사결정에 참여하게 된다. 치료 상황에서처럼 왜곡된 현실을 식별하는 데 도움이 필요할 수도 있다.

광대의 역할

역사적으로 리더, 대개는 황제나 왕과의 관계에서 그런 안정적 역할을 떠맡은 사람은 광대였다. 여기서 나는 이 개념을 판단력이 결여되어 있거나 어리석은 사람이 아니라, 완전 반대로, 진실을 이야기하는 광대의 변형된 역할을 의미하는 용어로 사용한다. 이런 관계 속에서 리더와 광대의 운명은 복잡하게 공동의 운명으로 묶인다. 광대는 특정의 감정적 분위기를 만들어서 다양한 수단으로 리더에게 권력의 덧없음을 상기시킨다. 그는 진실의 수호자가 되어, 역설적으로, 리더의 바보 같은 행동을 막는다. 프랑스의 풍자 작가 라블레는 프랑수아 1세 궁정의 유명한 광대 트리불레에게 모로소페morosophe(Lever, 1983, p.181)라는 이름을 붙여준다. 이는 그리스어로 바보를 뜻하는 모로스moros와 현명하거나 총명하다는 뜻인 소포스sophos라는 단어의 흥미로운 조합이다.

광대는 널리 인식되어 있는 사회적 유형 중 하나다. 우리는 모두 광대를 마주친 경험이 있고 때때로 스스로 광대짓을 하기도 한다. 게다가 우리는 예를 들어, 트릭스터trickster(원시 신화에 등장하는, 주술·장난 등으로 질서를 문란시키는 초자연적 존재-옮긴이), 어릿광대jesters, buffoons, 코미디언, 할리퀸(일부 전통 연극에 나오는 광대로 다이아몬드 무늬의 알록달록한 옷을 입는다-옮긴이), 피에로 등 여러 가지 이름으로 인류학, 신화, 민속, 문학, 드라마 등에 나오는 광대들과도 친숙하다. 전통 속의 의례적 광대들에 대한 자세한 인류학적 서술들이 아프리카, 아시아, 오세아니아, 북아메리카, 메소아메리카, 남미 공동체에 관한 연구에서 발견된다.(Steward, 1931; Bunzel, 1932; Charles, 1945; Radin, [1956] 1969; Makarius, 1969, 1970, 1973)

트릭스터에게는 통찰력과 예언능력이라는 초자연적 힘이 부여되어 있다. 그는(광대는 대개 성별이 남자다) 약자이자 숭배받는 영웅이기도 하다. 사람들의 모습을 비추는 거울이자 설명할 수 없는 것들을 친숙한 것들과 연결시켜 혼란에서 질서를 만들어낸다. 융은 트릭스터를 "신령한 동물적 본성을 지닌 원시의 '우주적' 존재이며 한편으로는 초인적인 자질 때문에 인간보다 우위에 있고, 또 한편으로는 비이성적이고 무의식적인 존재여서 인간보다 열등하다"고 묘사한다.([1959] 1969, p.144)

서로 다른 문화권에서 이 신화적인 존재의 역할을 비교해보면, 트릭스터가 어떻게 인간 조건의 상징이 되어 인간의 추진력, 욕구, 약점을 패러디하고, 교활함과 어리석음을 결합하고, 동시에 재미있고 무서운 존재가 되는가를 알 수 있다. 인류학적 연구는 트릭스터가 우리의 약점, 이상, 두려움을 투영하는 존재이고 그를 통해 많은 사회에서 중요한 역할을 한다고 설명한다. 웰스포드Welsford는 "청중의 잠재된 어리석음을 끄집어낸다"는 이유로 광대를 교육자라고 부르기까지 한다.(1935, p.28) 광대는 부정적인 사례를 무대에 올려 타당한 행동과 진정한 가치를 다시 확인한다.

광대의 민속학적 발생과는 별도로 그 역할은 광대clown, buffoon나 궁정 광대court jester라는 직업으로 제도화되었다.(Swain, 1932; Welsford, 1935; Klapp, 1972; Lever, 1983) 광대는 광기나 어리석음을 가장하여, 다른 사람은 꺼내기 어려운 말들을 반복할 수 있는 특권을 누린다. 그는 메시지를 전달하기 위해 온갖 전략을 동원한다. 어설프게 행동하고, 과장하고, 짐짓 멍한 상태를 보여주고, 감추고, 팬터마임을 구사하고, 엉망으로 몸짓을 한다.(Bergson, 1928)

또한 광대는 살아있는 우스꽝스런 그림이라고 불려왔다.(Kris, 1938) 확실히, 왕과 관련하여, 궁중 광대의 전통적인 소품인 방울 달린 모자cap-and-bells와 방광주머니가 달린 지팡이bladder-on-a-stick는 지배자의 왕관과 왕권을 나타내는 홀笏을 조롱하는 것이다. 무엇보다도, 광대는 유머를 어떻게 사용하는지를 잘 알고 있다. 유머는 그에게 무기와 방패의 역할을 한다.

> 자크: 희한한 녀석 아닙니까, 폐하? 그는 뭐든지 잘하면서도 여전히 바보예요!

> 공작: 그는 어리석은 표정으로 사냥꾼이 몸을 숨기듯이 자신을 위장하고 바보 같은 말 속에 지혜를 섞는다.(셰익스피어, 『뜻대로 하세요』, 5막 4장)

아마도 광대의 변형된 역할에 대한 가장 유명한 사례는 셰익스피어의 비극 『리어왕』에 나오는 이야기일 것이다. 외견상으로는 얼빠진 소년에 불과하지만 그는 진실을 알아보고 말할 수 있는 지혜와 용기를 가진, 왕과 가까운 유일한 사람이다. 드라마에 나오는 광대들의 숫자를 고려할 때 작가에게는 이런 양면적인 캐릭터의 유용성을 놓치지 않는 것이 중요하다. 행위에 대한 감정의 역학을 설명하기 위해 광대는 끝없이 이용될 수 있다. 『리어왕』 속의 광대는 복잡하고 독특한 인물로 드라마에서의 기능이 매우 중요하다. 뮤어가 설명하듯이 "그는 청중을 위한 안전벨트로 그렇게 많은 희극적인 안도감을 주지는 않았다. 리어의 행동은 비판적으로 판단한다면 불합리하다. 그리고 광기의 표현은 동정보다는 웃음을 더 유발하기 쉽다. 그래서 관객들의 웃음을 이끌어내고 리어왕의 위엄을 보존하기 위해 광대를 끼워 넣었다."(1952, p.xiv)

나는 리더의 권력에는 광대의 어리석음이 필요하다고 제안하고 싶다. 둘 사이의 상호작용은 서로의, 그리고 조직의 심리적 균형을 유지하게 해준다. 같은 사람이 두 역할을 수행하는 것이 가능하지 않다는 것은 래트너의 처참한 실수로 증명됐다. 비록 짧은 농담이었다고 하더라도 그는 왕으로서 광대짓을 하려고 했다. 그 결과 그는 자신에 대한 웃음을 끌어냈고 자신의 위엄(아니면 리더로서의 위상)을 파괴했다. 그리고 자신의 조직에 대한 신뢰까지 무너뜨렸다. 왕/광대 관계의 이중성은 권력의 야누스적 면모를 강조한다. 현자/광대들은 종종 오만으로부터 왕을 보호할 수 있는 유일한 사람이다. 보다 일반적인 리더십 병리학의 맥락에서도 광대는 중요한 역할을 한다. 잘못 내려진 결정의 어리석음을 증명함으로써 광대는 리더가 확고한 현실 기반을 유지할 수 있도록 돕는다.

유머의 사용

유머가 조직에서 무한한 사용가치가 있고 또 조직의 건강과 활력에 어마어마한 기여를 할 수 있다고 주장하는 데에는 크게 무리가 없다. 유머는 메타커뮤니케이션의 한 형태다.(Bateson, 1953) 즉각적으로 보이는 것보다 더 많은 메시지가 전달된다는 말이다. 유머는 갈등에 대처하는 부드러운 방법을 제공해 갑작스런 긴장의 폭발을 방지한다. 유머는 다른 상황에서 진실을 인정하거나 받아들이기를 거부하는 사람들에게 가공할 무기가 될 수 있다. 유머는 겸손하다. 균형감각을 길러주고 자신을 너무 심각하게 받아들이지 않게 도와준다. 통찰력을 길러주는 도구이고 그런 과정을 통해 변화의 수단이 되기도 한다. 또한 일종의 안전벨트로 작용해서 리더십에 잠재된 파괴적 측면을 제어한다.

유머는 오만의 징후를 눈에 띄게 할 수 있는 좋은 수단이다. 또 금기시되는 주제에 은밀하게 접근할 수 있는 방법이다. 유머는 긴장된 상황을 즐거운 분위기로 바꿀 때도 사용할 수 있다. 웃음을 나누면 그룹의 단결력이 좋아지고 친밀도도 강화된다.(Roy, 1960; Duncan, 1982) 리더와 추종자 사이의 거리 또한 줄일 수 있다. 게다가 유머는 정신건강을 보여주는 지표로 활용할 수도 있다. “내가 정말 걱정하는 환자를 볼 때, 그리고 숨겨진 강박증이 있는지 살펴볼 때, 유머능력과 자아의 상대성을 충분히 이해할 수 있는 안정감, 다른 자아를 인식하는 것이 엿보이면 나는 항상 안도감을 느낀다.”(Kohut, 1985, p.239) 정신과 의사인 조지 베일런트에 따르면 "유머는 인간이 가진 레퍼토리에서 정말 우아한 방어책 중 하나다. 희망처럼, 유머능력이 판도라 상자 속 고통에 대한 인류가 가진 가장 강력한 해독제 중 하나라는 사실을 부인할 사람은 아마 없을 것이다.(1977, p.116)

유머를 사용하여 광대들은 다른 경우에는 생각조차 할 수 없는 일을 한다. 금지된 영역을 침범할 수도 있고, 리더와 추종자들 모두를 풍자할 수도 있다. 가장 기본적인 반사회적 감정의 배출구 역할을 하기도 하고, 불합리한 상황을 연출해서 다른 이들의 공포와 불안을 또렷하게 표현하기도 한다. 그들이 목표로 하는 청중들은 잠재된 소망에 대한 광대의 대리만족을 통해 안도감을 경험한다. 금기를 위반하면서 동시에 취하는 자기비하적 자세는 그들의 행위를 덜 위협적이고 보다 쉽게 받아들이게 만든다. 그들에게 행위에 대한 책임을 묻기는 어렵다. 광대들은 면책특권을 가진 것처럼 보이기 때문이다. 광대가 무언가를 말하면 일반적인 의사소통과 같은 무게감을 갖지는 않는다. 결과적으로 광대는 메시지를 전하는 데 있어 보다 큰 위험을 무릅쓸 수 있다.

광대의 행위나 행동은 그들이 의식적이든 무의식적이든 약자의 힘을 알고 있다는 것을 보여준다. 그들은 유머러스한 자기비하가 다른 사람들의 기분을 좋게 한다는 것을 알고 있다. 광대들의 익살은 우리가 가진 열등감을 그들에게 해소할 수 있게 해준다. 그리고 그 과정을 통해 그런 부적응자들과 자신을 비교해 우쭐한 마음을 갖게 한다. 그러나 동시에 무기와 방패가 되는 유머의 독특한 힘에도 불구하고 광대들이 무적의 존재는 아니다. 그들은 희생양이 될 수 있는 위험을 끊임없이 무릅쓰며 추방되어야 하는 사악한 힘을 대변하기도 한다. 광대들에게는 직업적으로 항상 이런 위험이 따라다닌다.

인류학자인 A. R. 래드클리프 브라운은 농담을 사회의 잠재적 갈등을 관리하는 방법으로 본다. "농담을 나누는 관계는 친근감과 적대감의 특이한 조합이다. 농담은 다른 어떤 사회적 맥락에서는 적대감을 표현하거나 불러일으킬 수도 있지만, 그것은 심각하게 의도된 것이 아니며 진지하게 받아들여져서도 안 된다. 거기에는 가장된 적개심과 진정한 친근감이 있다. 다른 말로 표현하자면, 농담은 허용된 무례 중 하나다."(1952, p.90) 프로이트([1905] 1953f)도 같은 결론을 내렸다. 그는 공격적이고 성적인 본성의 불안감을 자극하는 욕망을 해소할 수 있는 사회적으로 수용 가능한 방법으로 사람들이 유머를 사용한다는 점에 주목했다. 특히 유머는 다른 경우에는 용납되지 않을 공격적이고 복수심에 가득 찬 감정을 표현할 수 있게 해준다.(Levine, 1961) 웃음은 슬픔, 절망, 두려움, 후회, 승리 그리고 증오와 같은 다른 많은 감정들도 가려준다. 프로이트는 또한 "유머는 체념하는 것이 아니라 반항하는 것"이라고 썼다.([1927] 1953d, p.103) 농담은 권위를 회복하는 방법으로 자주 사용된다. 광대는 반체제적 성향을 띠는데 유머를 사용하여 규정과 규칙을 위반하는 것은 그렇지 않은 경우보다 불만이 줄어든다.(Goffman, 1967) 그러나 이것은 관리되는 은밀한 반란으로 비폭력저항의 한 형식이다.(Bergler, 1937) 역설적으로, 유머의 반항적 기원을 고려할 때, 사회적 통제와 규제의 도구로서 안전벨트의 역할을 할 수도 있다.(Levine, 1961; Berlyne, 1964) 광대의 행동을 바라보는 한 가지 방법은 그들이 확립된 질서를 조롱했음에도 불구하고 실제로는 허용한도를 설정하는 일에 관여하고 있다는 것이다. 일상적 관례를 위반하는 그들의 행위에는 다만 일시적일 뿐이라는 의미가 내포되어 있다. 사회과학자 하워드 폴리오Howard Pollio와 존 에드거리John Edgerly가 유머에 관한 연구에서 지적했듯이 "이런 역逆 도덕주의자의 역할에서 광대는 자신이 할 수 없는 행위를 드러냄으로써 위반하는 규칙들을 강조하는 통제 메커니즘으로 작용한다. 광대가 아닌 사람을 **광대**라고 부르는 것은 사회적 가치에 순응하도록 그 개인에게 압력을 가하는 행위다."(1976, p.216, 강조 추가)

조직 안의 광대

만약 광대가 사회생활이 건강하게 기능하는 데 없어서는 안 될 역할을 수행한다는 사실을 받아들인다면 인간 사회의 축소판인 조직생활 내에서도 그 역할이 잘 포용될 수 있는지를 물어야 한다. 조직 내부에는 권력의 남용을 막기 위한 형태로 견제와 균형을 만들어내는 많은 방법이 있다. 이런 견제는 규칙과 규제라는 형태로 조직의 인프라 내에 구축될 수 있다. 더구나 권력을 내부와 외부의 많은 권리자 그룹에 분산할 수도 있다. 하지만 채택할 수 있는 수많은 구조적 안전장치에도 불구하고 대부분 조직의 실상은 결코 민주적이 아니다.

많은 중요한 결정이 소수에 의해 비밀스럽게 내려진다. 조직의 권력 남용과 현실에 입각한 의사결정이 제한되는 것을 막기 위해서는 도움이 필요하다. 리더에게 다른 관점을 제시하기 위해 기꺼이 이의를 제기할 수 있는, 사실 왜곡이나 아첨에서 벗어난 용감한 사람이 맡아야 할 역할이 있다. 나는 이런 사람을 '조직의 광대'라고 부르고 싶다. 그러나 이런 사람을 위한 보호책은 광대의 전통적인 모자, 방울, 돼지방광 지팡이보다는 더 정교해야 한다. 그리고 현대의 광대를 조직에 포용하는 데는 더 많은 문제가 있다.

왕에게 불편한 진실을 말할 때 현자/광대 또는 충신에게는 불을 맨살로 다루는 것과 같은 위험이 뒤따른다. 그처럼 조직 내에 숨겨진 현안을 지적하는 것은 위험한 일이다.(Malone, 1980) 조직 내에서 열린 의사소통 체계를 구축하는 것은, 그 의도가 좋다고 하더라도 어렵다는 것이 주지의 사실이다. 대개는 이런 절차에 회사 구조가 적대적으로 작용한다. 그리고 그런 원칙에 대해서는 립서비스만 베풀어진다. 많은 관리자와 리더는 화려한 고립 속에서 활동하며 그 편을 더 만족스러워한다. 자신의 영역을 지배할 수 있는 독점적 권리를 보호하는 데 에너지의 상당부분을 쏟아붓는다. 이러한 운영방식은 조직 내부에 조심성만 키워 보신주의가 팽배한 분위기를 만든다. 열린 의사소통이 진정으로 장려된다 할지라도, 비교적 드문 경우지만, 인간의 본성은 놀라울 정도로 여기에 저항한다. 세상의 절반은 무엇을 해야 할지 말해주기를 기다리고 나머지 절반은 그 말을 하기를 바란다. 조직이 클수록 문제도 커진다.

엄청난 선이나 악을 행할 수 있는 권력이 도덕적 가치의 중단으로 이어진다는 것은 너무 빤한 소리여서 진부하게 느껴질 정도다. 권력은 종종 조직 내부의 개인 간이든, 상대하는 조직 간이든 사업 관계에 대한 신뢰를 대체한다. 그리고 신뢰가 부재하면 문제는 해결되지 않고 쌓여간다. 문제들이 수면으로 드러나면 감정이 섞인 내용들로 인해 폭발하기 쉬운 상태가 된다.

이런 효과가 극단적으로 드러나는 사례가 내부고발이다.

> 무슨 일이 일어나고 있는지 깨닫자 화가 치밀어 올랐다. 불법은 아니었다. 범죄도 아니었다. 그건……, 무책임했다. 날마다 신문은 (서비스) 예산 삭감에 대한 기사를 썼고, 거의 매일 나는 비용 절감을 강요받았다. 그리고 이곳에서는 믿을 수 없을 정도로 너무 명확하게 예산이 잘못 관리되고 또 낭비되고 있었다. 나는 내 상관에게도 가보았지만 벽에 대고 이야기하는 느낌이었다. 그래서 직접 신문사로 찾아갔다. 나는 잃을 것이 많지 않았다. 조기은퇴를 앞두고는 있었지만 어쨌든 익명으로 제보했다. 이윽고 모든 지옥이 내 앞에 모습을 드러냈다. 어찌된 일인지 그들은 내가 누군지 알아냈고 집 앞에는 언론과 TV 기자들이 진을 쳤다. 직장 내 분위기는 견디기 힘들었다. 결국 아무 일도 일어나지 않았다. 언론사들에게 그건 5분짜리 깜짝쇼였을 뿐이었다. 모든 것이 혼란스러운 전형적 관료 서비스 절차 속에서 나는 길을 잃었다.(public service worker, Great Britain)

내부고발은 언제나 개인과 조직 모두에게 거의 재앙에 가까운 결과를 가져온다. 조직 내부에서 의사소통이 차단될 때, 또는 개인이 지지를 받지 못하고 고립감을 느낄 때, 언론과 같은 외부의 실체에 의지하여 불만을 표출하고 싶은 유혹을 느낀다. 개인이 모든 방향에서 날아오는 적개심과 그로 인한 구렁텅이에서 벗어나는 것은 사실상 불가능하다. 특히 이런 방식으로 외부에 노출된 조직이 내부고발자에게 필요한 보호와 지지를 제공하는 것은 기대하기 어렵다. 애초에 이에 대한 결핍이 내부고발을 촉발시켰을 것이다. 내부고발자에게 고통스러운 아이러니는 원래 행동에 나서게 된 계기였던 개인적 진실과 신뢰가 의심받게 되고 종종 폭로한 바로 그 사실 때문에 비난을 받게 된다는 것이다. 이것이 바로 나쁜 소식을 가져오는 메신저를 죽이는 전형적 반응이다. 내부고발자는 보호복 없이 일하는 광대들이다.

프로이트는 연구 초기부터 신뢰와 의사소통에 대한 문제와 씨름했고 그의 논문 "'무모한' 정신분석'Wild' Psychoanalysis"에서 이에 대해 언급했다. 그는 다른 사람이 의식하지 못하는 내용을 알려줄 때는 두 가지 조건이 충족될 때만 효과가 있다고 느꼈다.

> 우선, 환자는 그를 억누르던 것의 근방에 도달할 준비가 되어 있어야 하고, 둘째로 의사와 충분한 애착(전이)을 이뤄 감정적인 관계가…… 탈출 불가능하게 만들어야 한다.
>
> 이런 조건들이 충족되어야만 억압과 무지로 이끌었던 저항을 인식하고 숙달될 수 있다. 그래서 정신분석학적 개입은 상당히 긴 시간 환자와

절대적으로 이어져야 한다. 의사가 발견한 비밀을 첫 상담에서 퉁명스럽게 말해서 환자를 '몰아치려는' 시도는 기술적으로 문제의 소지가 많다.([1910] 1953g, p.226)

프로이트가 지적했듯이, 감정적으로 격앙된 사안들을 완화하기 위해서는 문제의 두 당사자 사이에 우선 협력관계가 확립돼야 한다. 이러한 관계가 형성되기 위해서는 신뢰가 필요하다. 프로이트는 이런 관계를 구축하는 일에는 상당한 섬세함이 필요하다는 사실을 깨달았다. 통찰은 시기적절해야 하고 주의 깊게 측정되어야 한다.(Kets de Vries and Miller, 1984) 이런 통제가 자리 잡지 않으면 걷잡을 수 없는 상황이 전개될 수 있다. 진실을 말하는 자들은 쏟아지는 홍수를 막지 못하고 마법사의 견습생처럼 어찌할 바를 모를 수 있다. 현자/광대들은 어느 시점에서든 갈등에 휩싸인 내용을 리더가 받아들일 수 있는 양에는 한계가 있다는 점을 깨달아야 한다. 여기서 정식으로 주선된 만남과 잘 확립된 유대감 같은, 심리치료사에게는 대개 주어지는 이점을 광대는 일반적으로 갖지 못한다. 조직이라는 환경에서 이런 특별한 장면은 종종 우연히 이루어진다.

다행히, 앞에서도 지적했듯이, 유머는 민감한 문제로 인해 대립이 발생했을 때 긴장을 줄이는 중요한 역할을 한다. 유머는 이런 정보들을 더 쉽게 받아들일 수 있게 한다. 저항의 회로가 더는 작동하지 못하도록 끊고 사람들이 조직을 제 궤도에 머물도록 필요한 것들에 귀를 기울이는 자세를 갖게 도와준다. 현자/광대가 특정 형태의 조직생활에서 이런 역할을 한 사례가 야로슬라프 하셰크의 소설 『착한 병사 슈베이크』에 나온다. 소설 속에서 겉보기에는 어리석은 영웅이 겪는 불운한 사고가 그려지고 부패한 오스트리아-헝가리 제국과 전쟁광들을 풍자한다. 어떤 의미에서 슈베이크는 관료주의의 톱니바퀴에 갇힌 모든 사람을 대표한다. 그의 어리석음은 실제로는 재치와 지혜를 숨기기 위한 위장막이다. 그는 인간성을 세심하게 살피는 관찰자이며 직설적인 한마디로 다른 사람들이 자신의 행동이 불합리하다는 것을 깨닫게 한다. 슈베이크는 현자/광대의 훌륭한 예다. 그는 허튼소리를 내뱉고 받은 명령을 말 그대로 수행하면서 많은 규칙과 규정의 어리석음을 보여준다. 그의 자세나 행동은 우리에게 자신의 행동 뒤에 숨어 있는 가치 기준을 다시 한번 생각해보라고 촉구한다. 그는 오만에 대한 완벽한 해독제다.

그러나 슈베이크는 기업 조직에서도 자기 역할을 할 수 있을까? 만약 그렇다면 그에게 그런 힘을 주는 것은 무엇일까? 이 마지막 관찰이야말로 가장 중요한 질문이다. 조직의 광대는 굉장히 민감한 문제를 다루면서 무한대의 위험을 부담한다. 진실을 말하면 승진을 위협당하고, 내부고발은 이를 처음 시작한 개인에게 대체로 불행한 결말로 저주를 내린다. 이런 이유들로 인해 내부자가 광대 역할을 하기는 어렵다. 그런데도 조직 내부에는 광대들이 존재한다.

그들은 리더십에 영향을 미치는 데 매우 효과적일 수 있다. 때때로 신뢰 받는 고참 임원이 그 역할을 담당하기도 한다. 아마도 업무가 자연스럽게 이런 역할로 발전했기 때문일 것이다. 일부 조직은 내부 컨설턴트, 또는 일종의 옴부즈맨(스칸디나비아 전통에 따른), 보직이 없는 고참 이사를 선임하는 등의 장치를 제도화한다. 어느 정도 상황 설정 능력이 있다면 그렇게 고참 관리자가 아니더라도 때때로 그 역할을 수행할 수 있다. 어떤 조직에서는 그렇게 높지 않은 지위에 있는 사람이 —에브리맨(15세기 영국의 권선 징악극勸善懲惡劇의 제목 및 주인공-옮긴이)이나 슈베이크— 이런 역할을 맡는 것이 더 바람직할 수도 있다.

예를 들어보자. 자동차부품을 공급하는 한 회사에서 제조와 운영을 맡은 부사장이 광대의 역할을 맡았다. 제조 라인을 통해 부사장 자리까지 오른 자수성가형 인물인 그는 조직의 내부 상황에 대해 소상하게 파악하고 있었다. 그는 업무를 매우 효율적으로 처리했으며 실용주의적 자세로 매우 존경받았다. 그의 배경과 회사가 마켓드리븐(소비자 성향 조사를 실시한 후 소비자의 요구에 맞춰 가격이나 제품 특성을 바꾸는 시장지향 전략-옮긴이) 전략을 지향한다는 점을 감안하면 그는 오를 수 있는 자리까지 승진했다. 하지만 그는 명백히 현재 위치를 좋아하면서 자리 문제에는 연연하지 않는 것으로 보였다. 그가 다른 임원들에게 전혀 위협적인 인물로 보이지 않았기 때문에 —그는 권력게임에는 관심이 없었다— 그의 조언은 충실히 받아들여졌다. 회사에는 인사 책임자가 있었지만 비공식적으로는 이 남자가 그 분야에서 중요한 역할을 했다.

CEO가 은퇴하자 그 회사가 속한 대기업 내에서 후임자가 임명되었다. 새로운 CEO는 다른 분야에서 일했기 때문에 회사나 산업에 대해 잘 알지 못했다. 그는 부하들을 거칠게 대했고 일이 그의 기호에 정확히 맞아떨어지지 않으면 빈정거리는 말로 침묵시키거나 재빨리 잘라버렸다. 과열된 임원회의에서 오랫동안 근무해온 이사 두 명이 해임되자 회사 내 분위기는 긴장되고 더욱 나빠졌다. 간부들은 새 최고경영자를 어떻게 대해야 할지 몰라 난감했다. 상대하기 어려운 기질 때문에 그가 회사의 이익에 반하는 결정을 하고 있다고 느낄 때에도 주저하면서 반대하지 못했다.

이런 상황에서 제조 및 운영 담당 부사장은 임원회의에서 점점 더 눈에 띄는 역할을 하기 시작했다. 유머러스한 방법으로, 상대방을 공격하거나 비난하지 않으면서도 그는 감정적으로 부담스러운 분위기를 누그러뜨렸다. 그리고 공개적으로 표현되지 못하는 그룹 내의 합의된 의견을 CEO에게 전달했다. 자신을 낮추는 자세와 유머러스한 스타일은 CEO를 진정시키는 효과를 발휘했다. CEO는 새로운 일에 어떻게 대처해야 할지에 대한 자신의 걱정 때문에 그런 행동들을 했던 것으로 보였다. 부사장의 영향력 아래 임원회의는 의견 교환이 활발해졌다. 점차 다른 간부들도 자신의 의견을 자유롭게 표현할 수 있을 만큼 용기를 얻었다. CEO의 적대적 스타일이 나타날 때마다 부사장이 재빨리 상황을 중재한 덕분에 자유로운 의사교환의 분위기는 유지됐다.

하지만 일반적으로는 외부인이 이런 역할을 맡는 것이 일을 더 쉽게 만든다. 예를 들어, 사건이 발생하는 정상적인 경로를 감안하면 비록 외부인을 특별히 고용해야 할 기능은 아니지만 종종 컨설턴트에게 맡겨지는 경우가 있다. 대개는 양쪽 당사자 모두 컨설턴트가 그 역할을 하고 있다는 사실을 알지 못하고 그로 인해 조직이 현실을 잘 파악하고 있다는 사실도 인식하지 못한다. (때때로 고참 임원들은 기업체 내의 광대의 역할이 얼마나 중요한지를 깨닫는다. 나는 고위 경영진에게 어려운 메시지를 전달하기 위해 짧은 풍자 스케치를 효과적으로 사용하는 회의에 참석해왔다. 회사의 다른 곳에서도 제도화된 방법이나 즉흥적으로 유사한 역할극이 사용되는 것을 보아왔다. 일반적으로 이런 활동들은 최고 경영진보다는 중간관리층을 향해 있다. 그리고 그 효과도 거기에 맞추어 제한된다.)

컨설턴트들은 조직의 실제 문제가 원래 의뢰된 내용과는 다르다는 것을 꽤 자주 깨닫는다(Levinson, 2002). 고객이 원한다는 내용과 실제로 필요한 내용의 차이가 큰 경우가 많다. 임원들이 실제 문제를 꺼내들고 직접 대면하기를 꺼려하는 경우가 많기 때문에 눈에 보이는 증상을 넘어서서 어려운 원인 요소들을 밝히는 것은 컨설턴트의 책임이다. 만약 컨설턴트가 분별 있고 재치 있게 광대의 역할을 한다면 회사의 통찰력을 키우고 변화를 가져오는 데 중요한 기폭제 역할을 할 수가 있다.

결과가 "무모한 분석"으로 빠져드는 경우에는 내부자보다 컨설턴트가 광대의 역할을 할 때 덜 드라마틱해지는 경향이 있다. 피드백이 너무 충격적일 때도 일어날 수 있는 최악의 상황은 컨설팅이 예정보다 빨리 종료되는 것뿐이다. 여러 가지 방법으로 외부 조언자와 광대의 역할이 상호작용을 하는 것 같다. 의도적으로 순진한 질문을 하고 광대처럼 행동함으로써 컨설턴트는 조직의 특정 문제에 대한 이해도를 증진시키고 변화를 위한 중재자가 된다. 여기서 유머의 가치는 헤아릴 수 없을 정도로 크다. 특히 대안을 제시하고 추천할 때는 더 그렇다.

어느 조직에서 디자인 부서의 업무흐름을 합리적으로 개선하기 위해 외부 컨설턴트를 고용했다. 그의 제안은 매우 효율적이고 조직 전체에 걸쳐 활발한 활동을 만들어내는 것으로 증명됐다. 그의 성공으로 인해 컨설턴트는 새로운 업무 평가 시스템을 만들고 실행하는 것을 도와달라는 요청을 받았다. 보통 다른 사람들이 접근하기 어렵고 냉담하다고 평가받는 CEO는 컨설턴트의 성과를 높이 평가하며 그를 신뢰하기 시작했다. 임원들의 회의 운영방식에 완전히 만족하지 못하는 CEO 때문에 컨설턴트는 일부 회의에 참석해서 의사결정 과정을 개선할 수 있는 방법을 추천해달라는 요청을 받았다. 컨설턴트는 CEO 자신의 미숙한 자세가 정보와 창의적인 아이디어의 자유로운 교환을 억누르고 고통스러울 정도로 답답한 회의 분위기에 책임이 있다는 사실을 바로 알아차렸다. 회의가 더 생산적이 되려면 변화가 필요했다. 회의에 계속 참여하면서 컨설턴트는 토론 중에 논점에서 벗어난 순진한 질문을 일부러 던지기 시작했다. 그러자 그의 유머로 인해 회의 분위기가 가벼워졌다. 그의 개입은 어색한 분위기를 깨트리는 동시에 중요한 요점을 강조했다. 점차 모든 임원들이 긴장을 풀고 과거보다 창의적으로 토론하기 시작했다. 서로의 말을 귀 기울여 듣고 각자의 아이디어에 의견을 보탰다.

그러나 조직생활의 다른 많은 측면과 마찬가지로 이런 종류의 관계와 문화를 성공적으로 구축하기 위해서는 현명한 경영과 리더십이 무척 중요하다. 리더가 결단력 있는 자세로 의사소통이 원활하게 이루어지게 하고 신뢰를 잃을 때 발생할 수 있는 숨은 위험을 잘 인식하고 있을 때 문제가 쉽게 해결될 수 있다. 이런 문제들과 관련한 리더십의 원칙을 세운 이가 프랑스 기업가이자 전직 정치인, TV 진행자였던 베르나르 타피다. 그는 자서전 『승리Gagner』에서 이렇게 썼다.

> 아무리 총명하고 빈틈없는 리더라 해도 주변은 상사와 대면할 때 어떤 반대의 말도 내뱉지 못하고 개성을 잃어버린 사람들로 둘러싸인다. …… 그들의 입에서는 어떤 의미 있는 말도 나오지 않는다. 심지어 리더가 회사를 엉뚱한 곳으로 끌어가려 할 때도 마찬가지다. 그들은 감히 나설 수가 없기 때문에……. 위대한 리더는 자신의 의지로 일부러 무책임의 문화를 만든다. 내게는 솔직한 토론과 내가 이름 붙인 창조적 긴장감은 반드시 필요한 절대적인 기본이다. 이런 이유로 나는 직원들만큼이나 상담을 많이 하는 친구 네트워크를 가지고 있다. 그들은 언론인, 사업가 등 나와는 완전히 독립된 매우 다른 사람들이 섞여 있다. 그들은 내 직원들이 아니어서 어디서 내가 내려야 하는지를 기꺼이 말할 수 있다. 이 점이 무척 중요하다. 당신 주변에 언제 도움닫기나 멀리뛰기를 해야 하는지를 말해주는 사람이 없다면 당신은 적절한 리더가 아니다…….
>
> 주변에 둬야 할 올바른 종류의 사람들, 스스로도 "승리자"가 되기를 원하는 사람들을 고르기 위해서는, 자기자신을 알아야 할 필요가 있다. 반대

의견에 열린 자세를 가져야 하고 자신의 강점과 약점이 어디에 놓여 있는지를 구분할 능력이 있어야 한다.(1986, pp.126-127)

이러한 다양한 예들은 개인으로 인격화되든 팀으로 제도화되든 현자/광대가 어떻게 권력자에 대한 평형추 역할을 할 수 있는지를 보여준다. 그 결과, 조직적 병리상태를 예방할 수 있는 매우 효과적인 일종의 임원 집단이 형성된다. 유머와 솔직한 의사소통으로 "광대"와 "현자"는 통제, 경쟁, 능동성, 수동성 같은 인간 본성의 근본 문제를 다루는 심층 놀이의 형태로 개입한다. 유머가 너무 공격적이거나 피해를 주지 않는다면 집단의 응집력과 신뢰 분위기 조성에 기여할 수 있다. 파괴적인 환상을 해결할 수 있는 방법을 제공하고 결과적으로 현실문제를 해결하는 방향으로 조직을 이끄는 진정효과를 가질 수 있다. 불행히도 조직을 연구할 때 우리는 대개 리더에 집중하고 좀체 부하들의 역할에는 관심을 기울이지 않는다. 하지만 둘 사이에는 복잡한 연관성이 존재한다. 리더에게는 추종자가 필요하고, 왕에게는 광대가 필요하다. 그리고 그 반대도 성립한다. 조직에 넘쳐나는 합리성에도 불구하고 우리는 문제의 진실이 종종 상당히 다른 곳에 있다는 사실을 잊어서는 안 된다. 희망사항에 불과한 생각과 현실에 작용하는 힘들을 나누는 경계선은 매우 가늘다. 경계가 희미해지면 효과적인 조직 기능은 기대할 수 없는 충격적인 결과가 발생할 수 있다. 정확히 이 지점에서 조직의 광대가 중요한 역할을 한다. 조지 버나드 쇼는 이렇게 말한 적이 있다. "모든 폭군들은 제정신을 유지하기 위해 한 명의 불충한 신하를 가져야만 한다." 바로 그것이 광대의 기능이다. 내부의 누군가가 광대의 역할을 하면 조직이 궤도를 벗어나지 않게 도울 수 있다. 현실을 계속 장악하고, 가장 중요하게는, 오만의 파괴적 힘을 제어할 수 있다.

6장

Leaders, Fools and Impostors

가면증후군

어떤 방식이었는지 정확히 말하기는 어렵지만,
가늠조차도 할 수 없지만 그것은 일종의 마법이었다.
상냥하게,
꾸며낸 이야기든 아니면 진짜 사실이든,
설득력 있는 매력을 지닌,
즉 내키지 않음에도 불구하고,
실제로 희생자의 진지한 항의에도 불구하고,
말하자면 단 한 번의 눈짓으로 다른 생물을 사로잡는 힘을 지닌
자연의 일부 생물들의 방식과
전적으로 다르지는 않았다.

_허먼 멜빌, 『사기꾼(The Confidence Man)』

나는 잘 알고 있다.
비단속옷을 좋아한다고 해서
꼭 발이 지저분하다는 것을 의미하지는 않음을.
그럼에도 불구하고, 스타일은, 순수한 비단처럼,
너무 자주 습진을 감춘다.

_알베르 카뮈, 『전락(The Fall)』

역사적으로 사기꾼들은 대중을 매료시켰다. 사기로 점철된 삶을 살거나 사기행위에 관여하는 사람들은 항상 치명적인 매력이 있었다. 그 매력은 그들이 인기를 끄는 이유 중 하나다. 종종 사기꾼들은 일반적인 상황에서는 보고 싶어 하지 않는 우리 자신에 관한 무언가를 보여주는 것 같다. 그리고 우리가 외적인 자아와 개인적 자아를 보여주는 방식의 차이를 감안하자면, 우리 모두 어느 정도는 사기꾼이다. 누구나 사기꾼 역할을 한다.(Goffman, 1971) 허울을 보여주며 청중을 오도하는 것은 일상생활에서 끊으려야 끊을 수 없는 부분이다. 하지만 이것이 사기꾼들이 대중을 속여 협잡행위를 그렇게 쉽게 할 수 있는 상황에 대한 충분한 설명이 되지는 못한다.

종종 대중들은 너무 기꺼이 사기행위를 받아들인다. 사기꾼이라는 용어에는 두 가지 의미가 동시에 함축된 경우가 많다. 사기꾼은 기만하고, 사취하고, 사기 치는 사람일 수도 있고, 또 인격을 가장하고 실제 자신이 아닌 다른 존재로 행세하는 사람일 수도 있다. 두 역할이 겹칠 때도 있다. 예를 들어 다른 사람의 재물을 사취하기 위해 신분을 가장하는 경우다. 그러나 우리는 어떤 가시적인 이익을 얻지 않으면서도 다른 누군가로 행세하는 사람들을 종종 마주친다. 물론 사기꾼은 이익을 취할 때가 더 흔하다. 그럼에도 불구하고, 이런 경우에서조차도 재산적 이득은 사기행위의 중요 이유보다는 목적을 위한 수단으로 보인다. 사기행위로 얻을 수 있는 물질적 이득보다는 심리적 만족감이 훨씬 중요해 보일 때가 많다.

많은 사기꾼들 중에서 '위대한 사기꾼The Great Impostor(Crichton, 1959)'이라는 별칭으로 불렸던 페르디난드 왈도 데마라보다 더 경이롭고 대담한 사례는 없을 것이다. 그의 인생 이야기를 읽다 보면 그가 얼마나 쉽게 놀라울 정도로 많은 인격을 가장했는지 그저 탄복할 수밖에 없다. 데마라는 트라피스트회(기도·침묵 등을 강조하는 엄격한 수도회-옮긴이) 승려, 펜실베이니아 작은 대학의 철학과 학과장과 심리학 박사, 법대생, 동물학 대학원생, 메인 주의 주니어칼리지 암 연구원과 교수, 캐나다 왕립 해군 군의관(실제로 성공적인 선상 외과수술을 집도했다), 텍사스 교도소의 교도관, 학교 교사 등의 신분으로 행세했다.

또 다른 기억할 만한 기업계의 사례로, 앤소니 드 앤젤리스의 사기행위가 있다. 그는 존재하지 않는 수백만 갤런의 샐러드기름salad oil을 조작해 월스트리트의 두 증권거래소를 파산시켰다. 이는 아메리칸 익스프레스의 파산 원인이 됐고 뉴욕과 시카고 상품거래소에서 선물 가격의 폭락으로 이어졌다.(Miller, 1965) 금전적 이득이 분명 동기였겠지만 더불어 인정받고 싶은 욕구를 만족시키려고 놀라운 허구의 세계를 창조했다. 그는 세계에서 가장 영민하고 빈틈없는 은행가와 브로커, 사업가 수십 명을 속였다.

그러나 그가 그런 사기행각을 벌이는 동안, 어떻게 그런 불가능할 정도로 낮은 가격에 샐러드기름을 팔아서 돈을 벌 수 있는지에 대해서 누구도 의문을 품지 않았다. 대신, 그는 계속해서 다음 거래에 필요한 더 많은 돈을 대출받기 위해 금융업자들에게 달콤한 말을 속삭였다. 탐욕에 물들어 이를 믿고 싶은 욕망은 가장 영악한 사업가조차도 현실에 눈을 감고 의심하지 못하게 만들었다. 결국 금융업자들은 현존하는 샐러드기름 재고에 대한 정부의 보고서보다 더 많은, 어마어마한 양에 대한 유가증권을 들고 있게 됐다. 그런데도 여전히 경계심을 품는 이가 없었다. 8년간의 거래가 이어지고 나서야 거품은 폭발했고 당국은 드 앤젤리스의 샐러드기름 탱크가 비어 있다는 사실을 발견했다.

또 다른 특이한 사기꾼 사례의 주인공은 프랭크 애버그네일이다. 한때 세계 최고의 수배를 받은 도망자였다.(Abagnale and Redding, 2000) 그의 인생 스토리는 영화 <캐치 미 이프 유 캔Catch Me If You Can>의 바탕이 되었다. 한때 이 사기꾼은 26개 국가와 50개 주에서 수배를 받았다. 애버그네일은 위조수표를 현금화한 250만 달러로 호화롭게 사는 동시에 거의 5년 동안 항공사 조종사, 의사, 변호사로 신분을 위장하는 데 성공했다. 가장 주목할 만한 점은 그가 스물한 살 생일이 지나기도 전에 이 모든 행위에 성공했다는 것이다. 회색이 섞인 머리카락과 유니폼이 사기를 치기 위한 최상의 소품이라는 믿음을 갖고, 브롱스빌의 부유한 가정에서 자란 열여섯 살 소년 애버그네일은 팬암 조종사로 행세하기 시작했다.

그는 위장된 신분으로 세계를 공짜로 여행할 수 있었고 위조수표 현금화 사기를 이어갈 수 있었다. 사기행각을 이어가는 동안 그는 어떤 환경에든 잘 맞추는 카멜레온 같았다. 체포되었다는 사실이 그에게 꼭 탈출구가 없다는 의미가 되지도 않았다. 스웨덴에서 미국으로 인계되는 동안 그는 비행기에서 탈출했다. 나중에 애틀랜타 교도소에 수감되어서도 그는 태연히 나가겠다는 한마디로 탈옥했다. 그렇지만 오늘날 애버그네일은 합법적인 사업가다. 사기를 독학한 세계에서 가장 앞선 권위자 중 한 명인 그는《포춘》지 선정 500대 기업의 컨설턴트가 되어 사기 기술에 관한 최신 정보를 제공한다. 또한 그는 FBI의 상담역을 맡고 있다.

다소 특이한데, 뮌하우젠 증후군이라는 사기꾼에 관한 정신의학적 범주가 있다. 이는 18세기 독일 남작과 많은 허풍선이 이야기에 영웅으로 나오는 군인 모험가의 이름을 본뜬 증상이다.(Lehmann, 1975; Swanson, 1981) 이 증후군은 임상적으로 납득할 만한 증상과 의료적, 사회적 이력을 반복해서 거짓으로 조작하는 것이 특징이다. 이 증상으로 고통을 겪는 사람들은 정신과적 치료가 아닌 다른 형태의 치료나 외과적 수술을 받기를 바란다.

데마라, 드 앤젤리스, 애버그네일 같은 사람들의 삶을 지금에 와서 살펴보면 그들의 사기에 누가 속아 넘어갔는지 이해가 되지 않을 때가 많다. 사기극이 진행되는 동안, 하멜른의 피리 부는 사나이처럼, 사기꾼은 마법의 주문을 짜는 것처럼 보이고 사람들은 그저 따라갈 준비가 된 것처럼 보인다. 사기꾼들은 보통의 경우에는 우리 내부에 잠들어 있는, 현실에 눈을 감고 끌려가려 하는 어떤 성향을 깨우는 능력이 있는 것 같다. 게다가 사기행각은 우리 생각보다 훨씬 더 세상에 만연한지도 모른다. 엔론이나 월드컴, 타이코 같은 회사들의 스캔들은 시사하는 바가 있다. 임상 조사에 따르면 사기처럼 느껴지는 행위부터 사기에 적극적으로 관여하는 행위까지 다양한 범위의 특징이 드러난다. 사기꾼이나 사기행위가 드러나는 장면에 크게 의존하지 않는 드라마나 소설을 떠올리기 어렵다. 그리고 일상의 뉴스 대부분이 이런 문제들에 열중하고 있다고 해도 과언이 아니다.

그렇다면 무엇이 누군가를 사기꾼으로 만드는가? 사기꾼들은 무엇을 원하는가? 무엇이 그들에게 동기를 부여하는가? 그들은 왜 그렇게 유혹적인가? 왜 그들은 그렇게 자기 파괴적인가(결국 그들은 대체로 발각된다)? 우리 모두에게 사기꾼의 요소가 있을까? 조직생활에서 사기꾼 같은 행동에 의해 발생하는 특별한 문제는 무엇인가?

사기꾼의 심리역학

칼 아브라함([1925] 1955)은 사기꾼에 관한 임상 논문을 가장 처음으로 썼다. 군의관으로서 아브라함은 군법회의에 회부된 징집병을 조사하기 위해 군법원에 불려갔다. 그는 다른 사람(간수 포함)의 신뢰를 얻은 후 속임수를 써서 즉시 그 신뢰를 배반하는 징집병의 능력이 얼마나 인상적이었는지를 자신의 기록에 남겼다. 아브라함은 특히 징집병의 "환상적인 스토리텔링 재능"과 "제어할 수 없는 권력 강화에 관한 욕구"에 놀랐다.(p.294) 설명에서 아브라함은 이 특별한 사람이 "어린 시절에 사랑을 받지 못했다고 느꼈기 때문에 모든 사람들에게 자신이 '사랑스럽다'는 것을 보여주려는 내면의 충동을 가지고 있었고…… (그런 다음) 얼마 후에 그러한 감정이 그에게 얼마나 가치가 없는지를 스스로에게 증명하고, 다른 사람들에게도 보여주려 했다"고 주장했다.(p.300)

아브라함은 또한 문헌에서 "가족 로맨스"라고 부르는 증상인 부자 부모에 대한 징집병의 갈망을 지적했다. 이는 (특히 벌을 받은 후) 지금의 부모가 진짜 부모가 아니며 사실 자신은 귀족 또는 왕족이라는 비교적 흔한 어린 시절의 환상이 계속되는 증상을 말한다. 이런 식으로 자신의 부모를 사기라고 여기는 것이다. 더 나은, 더 이해심 많은 부모가 어딘가에 있을 거라는 환상은 예상보다 더 오래 여운을 남긴다. 이런 느낌은 부모가 아이의 독립과 인정 욕구에 제대로 대응하지 못한 데서 비롯한다. 가족 로맨스에 대한 환상은 보상욕구에 따른 일종의 나르시시즘적 자기 강화와 자부심을 조절하려는 시도로 간주될 수 있다.(Kaplan, 1974) 이런 환상은 "개인 신화personal myth(한 개인에게 매우 중요한 일련의 자전적인 기억들-옮긴이)"를 발전시키는 데 도움이 될 수 있다. 이는 어린 시절의 기억과 환상의 결합체로서 이후 경험을 조직하는 역할을 한다. 아브라함은 또한 징집병의 행동 중에서 강한 자기 파괴 성향에 대해 언급했다. 그는 "병사는 법의 그물을 벗어날 수 있는 어떤 소질도 보여주지 못했다"고 기록했다.

도이치Deutsch는 1955년 사기꾼에 관한 그녀의 논의에서 사기꾼들은 "성취능력이 부족해서가 아니라, 다소 현실에 적응된 환상을 실현하기 위해 낯선 이름 아래 숨어야 하기 때문에" 다른 사람의 신분을 가장한다고 추론했다.([1955] 1965a, p.332) 그녀는 "사기꾼의 자아는, 자신의 실제 이름으로 표현된다면, 평가절하되고 죄책감으로 가득 차 있다"고 주장했다.(p.332) 이런 사람이, 진정으로 되고 싶은 존재에 더 어울리는, 멋진 가면 아래에서 활동하라는 마음속 충동으로부터 강요받는 것은 이상한 일이 아니다. 그녀의 사례에서 도이치는 사기꾼의 특이한 행동은 자식들을 자신의 사랑으로 질식시키는 엄마에 의한 어린 시절 정서적 "과잉 수유"가 원인이라고 추측했다. 아빠의 행동은 상황을 더 악화시킬 수 있다. 그 역시 아이를 자신의 충족되지 않은 욕구를 수령하는 사람으로 만들어 과중한 부담을 지울 수 있다. 도이치는 이미 성공을 이룬 사람도 스스로를 사기꾼으로 느끼는 감정으로 문제를 겪을 수 있다고 생각했다. 그녀가 "현실에서 더 효과적으로 기능할수록 더 많은 걱정이 생겨나고……, 그는 새로 맡은 역할 속에서 업무를 정직하게 처리하면서도 스스로 사기꾼이라고 느꼈다"라고 언급한 환자가 있다.(p.333) 그리네이커([1958] 1971a, [1958] 1971b)는 사기꾼의 사례에 대해 세 가지 기본 증상을 상정했다, "첫째는 지배적이고 역동적인 가족 로맨스, 둘째는 제한되고 강렬한 정체감 장애로서 일종의 현실감 경색, 셋째는 의식과 이상이 모두 관련된 초자아의 잘못된 형성."(1971b, p.96) 그녀는 사기꾼들의 능력에 현저한 차이가 있다는 점에 놀라면서 사기꾼의 자기배반 행위를 위한 명백한 욕구에 대해서도 언급했다. "설득력, 능숙함은 완전한 우둔함, 어리석음과 서로 묶인다."(1971b, p.97) 그리네이커는 사기꾼의 현실적 자기감을 확립하는 데 도움을 주기 위해 청중의 반응이 필요하다는 점을 인식했다. 그녀는 이런 행동의 기원을 찾아 가족으로 거슬러 올라가 부모들의 관계가 좋지 않았고 엄마가 아이를 극심한 소유욕으로 다뤘으며 과시욕을 충족시키기 위한 전시품으로 사용했다는 사실을 발견했다. 동시에 엄마는 아빠를 비효율적이고 실망스러운 존재로 비하했다. 그리네이커는 이런 사례들에서, 아이가(남자 사기꾼의 경우) 가족 내에서 아버지를 대신하려는 경향을 보이는 오이디푸스적 상황의 심각한 불균형이 존재한다고 말했다. 그녀는 아이가 너무 빨리 성인의 역할을 요구받는다고 주장했다. 이런 위치를 유지하고 어른들의 칭찬을 계속해서 얻기 위해 아이는 어른의 행동을 흉내내는 놀라운 재능을 개발한다. 불행히도 이런 발달 과정을 겪으면 분리 자아가 잘 형성되지 못하고 정체성과 현실에 대한 감각이 떨어지는 대가를 치른다.

사기꾼들은 이 흉내 내기라는 재능을 성인기까지 가져간다. 자신을 실제의 모습보다 더 거창하게 연출하고 거짓을 믿는 분위기를 만들 목적으로 청중과 상호작용하는 데 매우 능숙해진다. 가족 로맨스 또한 성인 형태로 받아들여 자기 과시의 환상이 사기꾼의 삶에서 지속적으로 중요한 역할을 한다. 사기꾼의 행동에는 때때로 공상허언증(Fenichel, 1954; Deutsch, 1965b)이라 불리는 요소가 나타난다. 이 경우 사기꾼이 만들어내는 정교한 거짓말이 청중에게 은폐기억(보다 불쾌한 추억을 은폐하기 위해 회상되는 어린 시절의 기억, 그 내용은 사실과 다를 수도 있다-옮긴이)으로 작용하여 실제 일어난 사건을 감추고 또 동시에 드러낸다. 내면의 열의 때문에 사기꾼은 자신의 진실을 확신할지도 모른다. 공상허언증과 병리학적 거짓말은 일반적인 공상 속의 환상과는 중요한 점에서 다르다. 일단 청중을 설득하면 사기꾼은 자신의 환상을 실행할 수 있을 정도로 충분히 오랫동안 현실 검증을 뒤로 미뤄둘 수 있기 때문이다. 새로운 "진실"을 꾸며내는 것은 과거 진실의 알맹이들이 포함된 고통스러운 심리적 내용을 은폐하는 방법이다.(Weinshel, 1979; Spence, 1982; Blum, 1983) 이런 식으로 거짓말은 자기보호의 한 형태다. 사기꾼이 위협적인 내면의 갈등을 제어하는 수단이 된다.

환상과 현실을 구분하는 능력을 상실하는 순간은, 즉 사기꾼이 자신에 대해 만들어낸 허상을 믿기 시작하는 시점은 이 지점으로부터 특별히 먼 단계가 아니다. 이는 아마도 사기꾼이 타인의 신분을 가장할 때 더 편안함을 느낀다는 사실로 설명될 수 있다. 그들은 자신의 천재적인 재능과 성품을 알면서도 스스로의 정체성을 평가절하하고 거부한다. 실제로는 이런 재능들을 사기행각을 벌이는 데 사용하는 경우가 많다. 자신의 재능을 사용하는 가장 흔한 방법 중 하나는 언어를 다루는 솜씨를 발휘하는 것이다. 즉 단어를 사용하는 힘과 듣는 능력이다. 많은 소설가들처럼 그들은 어떻게 환상을 조합해내는지 그리고 이 환상을 어떻게 믿게 만드는지를 이해하고 있다. 랑거(1953)는 청중들이 어떻게 중세 음유시인들의 장면 묘사에 빠져들고 3차원 그림을 만드는 것처럼 더 정교하고 자세한 내용을 자꾸 요구했는지를 설명한다. 공감 섞인 응답과 민감하게 청중의 반응을 읽어내는 능력으로 사기꾼들도 청중의 욕망을 자신의 허상 속으로 엮어낼 줄 안다. 그렇게 점점 더 신뢰할 수 있는 환상의 태피스트리를 만들어낸다.

정체성의 위기와 언어의 힘 그리고 허구를 믿게 만드는 기술이 만나 창의성과 비극으로 합쳐진 결과가 바로 18세기 영국 시인 토머스 채터턴Thomas Chatterton이다. 채터턴은 브리스톨 교장의 사후에 출생한 아들이었다. 그는 엄마와 누이에 의해 양육됐다. 그는 조숙하고 총명했으며 16세 때 이미 시를 써서 명성을 날리기 시작했다. 그런데 그는 시들을 오래된 나무궤짝에서 발견한 중세의 원고인 것처럼 발표했고 이를 뒷받침하기 위해 추가로 문서를 위조하기까지 했다. 사기가 들통 나자 그는 런던으로 도망갔다. 그곳에서 비참할 정도로 가난한 상태에서 17세의 나이에 스스로 목숨을 끊었다. 채터턴의 시를 어떻게 봐야 하는가?

채터턴은 상상 속에서 꾸며낸 가족 로맨스를 그의 글에 썼다. 심지어 완벽한 중세의 도시 브리스톨이 포함돼 있는데 찬란한 15세기 대도시로, 그 문화의 중심지는 교회였고 채터턴 가문은 대를 이어 교회관리인이었다. 대개는 극도의 흥분 상태에서 쓰였을 이 글은 표면적으로는 중세의 영어로 이루어졌지만 실제로는 그가 창조해낸 자신만의 새로운 언어였다. 그는 15세기 브리스톨의 상인 겸 시장을 성자와 같은 박애주의자, 전사, 자선가로 이상화시킨 허구의 이야기를 써내려갔다. 그는 글 속에서 모범적인 종교생활을 하면서 목사 시인인 롤리에게 도시의 연대기와 역사를 찬양하는 글을 의뢰한다. 증거에 따르면 롤리는 채터턴 자신의 모습을 완벽하게 투영한 인물이었고 성자 상인 카네기는 그의 아버지였다.(Olinick, 1988, p.674)

소설가는 자신이 날조한 거짓말에 독자들의 자발적인 공모를 요구하면서 계속해서 무해한 사기꾼의 모습을 취한다고 말할 수 있다. 채터턴은 상처 받은 나르시시즘의 일부 측면을 충족시키기 위해 문학과 사기 사이의 도덕적 경계선에서 이런 상호간에 동의하는 속임수를 밀어붙였다. 아버지의 존재를 상실한 채, 아마도 엄마와 누이의 기대에 의해 자신은 버텨낼 수 없을 것 같은 역할에 떠밀렸을 것이다. 그래서 스스로의 정체성을 확신하지 못하고 자신의 재능을 숨기고 비난하면서 채터턴은 특별한 힘을 가진 개인적 로맨스를 조작하고 외부화했다. 그의 명성과 시는 신분의 노출과 그에 따른 굴욕에도 불구하고 살아남았다. 그의 비극적인 죽음은 다른 시인과 예술가들에게 영감을 줬다. 낭만적인 상상력에 대한 그의 매력을 넘어서 글에서 보이는 진정한 천재성의 고갱이가 많은 사람들에게 인정받았다. 윌리엄 워즈워스는 그를 "믿기 어려운 마법 같은 소년"이라고 묘사했고, 존 키츠는 "영어를 쓰는 가장 순수한 작가"라고 선언했다.

상징적으로, 사기꾼들은 고전적인 자애로운 엄마의 역할을 떠맡기도 한다. 커다란 갈망을 만족시키는, 거의 잊었지만 실제로는 절대 포기한 적이 없는 애정 어린 관심을 향한 어린 시절의 욕구를 채운다. 청중을 향해 사기꾼들은 그들의 필요를 이해하고, 깊은 욕망을 표현해줄 수 있고, 따스하게 보살펴줄 수 있는 누군가로 나타난다. 사기꾼에게 청중의 탐욕은 끊이지 않는 자극이 된다. 사기꾼이 일단 성공적으로 뚫고 들어간 다음에는 청중의 환상세계에는 무한한 요구가 담긴다. 이런 방법으로 사기꾼과 청중은 무의식적인 공모관계 속에서 양립 가능한 이익으로 연결된다. 배우 W. C. 필즈는 이렇게 말한 적이 있다. "정직한 사람을 속일 수는 없다." 청중은 자신의 요구가 충족될 것이라는 기대에 행복해하는 반면 사기꾼은 내부의 공허감에 대응하고 일종의 정체성을 재확인하기 위해 청중이 필요하다. 물론 청중은 위기와 격변의 시기에 가장 잘 속아 넘어가기 쉽다. 이럴 때 침묵 속에서 구세주를 바라거나 구세주로 인정하면서 대규모의 사기행각이 발생한다. 사회적으로 혼란할 때 사기 요소가 들어간 두드러진 예가 정치와 관련한 것이다.

그가 엄청난 청중을 지배하는 비결 중 하나는 군중의 분위기에 대한 본능적 민감성이다. 그들 마음속에 숨겨진 열정, 분노, 갈망을 예측해내는 솜씨다…….

그의 가장 신랄한 비평가 중 하나인 에른스트 한프슈탱글Hanfstangl(1957)은 다음과 같이 썼다.

(그는) 지진계의 정교함으로 아니면 무선수신기처럼 인간 마음의 진동에 반응한다. 이는 어떤 의식적 재능도 그에게 줄 수 없는 확실성으로 가장 은밀한 욕망과 허용될 수 없는 본능, 괴로움, 그리고 전체국가에 대한 개인적 반란을 알리는 확성기 역할을 하게 한다. 그의 기묘한 직관은…… 그의 청중이 고통을 겪고 있는 괴로움의 원인을 실수 없이 진단해낸다. (그는) 공회당으로 들어선다. 공기 중의 냄새를 맡는다. 잠깐 뭔가를 찾는 듯한 몸짓을 하다가 자신의 길을 느끼고 분위기를 감지한다. 갑자기 그가 앞으로 짓쳐 나온다. 그의 말은 화살처럼 목표로 날아간다. 그는 각자의 은밀한 상처를 어루만지고 대중의 무의식을 해방시킨다. 가장 내면의 열망을 표현하며 대중이 가장 듣고 싶어 하는 것을 말해준다.(Bullock, 1962, pp.373-374 인용)

역사가 앨런 불록이 쓴 아돌프 히틀러 전기 7장에서 발췌한 내용이다. 7장은 한 독재자가 국가 전체를 기만한 행위에 대한 연구를 담고 있다. "그의 성공이 절정을 이룬 1938년부터 1941년까지 (히틀러는) 독일 국가의 대부분을 설득하는 데 성공했다. 국민은 그에게서 인간의 자질 이상의 것을 지닌 지배자, 그들을 약속의 땅으로 이끌어줄신의 섭리에 의해 자라난 비범한 남자를 발견했다.(p.410) 불록은 히틀러의 성공에 대한 ―그리고 최종적인 파멸에 대한― 열쇠를 '그의 놀라운 자기연극화 능력'에서 찾았다."(p.375) "히틀러는 실제로, 기교가 완벽하고 고도로 능숙한 배우였다. 배역에 자신을 몰입시킬 수 있는 배우와 성우의 능력과 스스로 하는 말을 그 순간의 자신에게 진실이라고 납득시킬 수 있는 재능을 갖췄다."(p.377) 이는 자신의 지배와 힘에 대한 환상, 영웅의 숭배와 인종적 순수성, 개인의 종속성, 국가의 우월성을, 세계를 무대로 극화해낸 사람의 초상이다. 그 후 그는 역사상 찾아볼 수 없는 공포의 흔적을 남겼다.

> 베르그호프 위쪽에 지은……, 요새에서……, 그는 지정학상 유라시아의 심장부를 포용하는 광대한 제국을 위한, 자신의 우화에나 나올 법한, 엄청난 계획을 정교하게 다듬었다. 생물학적으로 미리 선발된 새로운 엘리트를 육성하려는 계획, 새로운 제국의 토대 위에서 모든 나라들을 노예로 전락시키려는 설계 등이었다. 이런 꿈들은 히틀러가 『나의 투쟁Mein Kampf』을 쓴 이후 그를 매료시켰다. 1920년대 후반과 1930년대 초반까지는 그저 혼란스럽고 과열된 상상력의 산물로 쉽게 치부해버릴 수 있었었다. …… 하지만 이런 생각들이 여전히 히틀러의 1941~1942년 식탁 위의 대화 주제였고 그는 결국 이런 환상을 끔직한 현실로 바꿀 능력이 있다는 것을 실제로 보여줬다. 러시아 침공, 나치 친위대, 유대인 제거 계획, 폴란드인과 러시아인 박해, 슬라브족과의 투쟁(Slav Untermenschen) 등도 히틀러의 상상력에서 비롯됐다.(pp.374-375)

히틀러의 사기행각이 그런 처참한 성공을 거둔 데에는 그가 자신의 이미지를 냉소적으로 조작한 것과 스스로 만들어낸 허구를 점점 더 믿어가는 과정이 결합하여 크게 작용했다. 2차 세계대전이 계속되면서 그는 더욱더 과대망상증에 빠져들었다. 그는 자신을 독일의 구세주, 신의 섭리의 집행자, 세계사적 역할의 담당자, 일반인에게는 금지된 행동에 대한 면책자로 내세우고 점점 더 자신에게는 어떤 오류도 있을 수 없다는 믿음을 갖기 시작했다. "기적이 스스로 작동한다는 —힘들게 이뤄내야 하는 대신— 자신이 만든 이미지에 빠져들기 시작하면서 그의 재능은 빛이 바랬고 직감은 그에게 착각을 불러일으켰다. 역설적으로, 자기연극화의 힘, 스스로를 납득시키는 능력 등……, 성공을 가져다준 동일한 요인이 다시 실패를 불러들였다. 아돌프 히틀러보다 자신이 창조한 이미지로 인해 더 확실하게 파괴된 사람은 없었다."(p.385)

더 깊숙이 들여다보면 히틀러는 그렇게 바라던 구세주와는 달리, 국민을 무참히 공격한 인물이었다. 청중을 우롱하고 거짓말과 속임수를 쓰는 것은 보복의 한 형태인 공격적인 행위로 볼 수 있다. 히틀러는 무엇에 대해 공격했을까? 폭력적이고 무능했던 부모? 1차 세계대전 말미에 독일의 조건부 항복과 제국의 종말에 따른 자신이 느꼈던 배신감? 그는 2차 세계대전 중에 독일의 이익이라는 명분 아래 수백만 명의 생명을 희생하라고 요구하면서도 조금도 양심의 가책을 느끼지 않았다. 동일하게, 그는 권력을 포기하고 패배를 인정하기보다는 전쟁 마지막 해에 독일 국가 자체도 희생시킬 준비가 되어 있었다. 제국 군수장관이었던 알레르트 슈페어는 전쟁에 패배할 것이라는 자신의 확신을 제시했을 때 히틀러의 행동을 이렇게 회상했다. "차가운 어조로 (그는) 말을 이어갔다. '전쟁에서 진다면 국민들도 패배하게 될 것이다. 독일 국민이 절대적으로 생존하기 위해 무엇이 필요한지는 꼭 걱정해야 할 일이 아니다. 그와 반대로 이런 것들까지도 파괴하는 것이 우리에게 최선이다. 국가가 스스로 약자라는 것을 증명했고 미래는 오로지 동방의 강한 국가들에게만 있기 때문이다. 어떤 경우에도 이 투쟁 이후에는 열등한 자들만이 남아 있을 것이고 선한 사람들은 이미 죽임을 당했기 때문이다."(1970, p.557)

이틀 후에 진격하는 연합군에 맞서 초토화작전을 시행하라는 히틀러의 명령에서 다음과 같은 태도를 확인했다.

> "제국 내의 자원뿐 아니라 모든 군사, 교통, 통신, 산업, 보급 시설"도 파괴될 예정이었다. 그 메시지는 독일 국민에 대한 사형선고였다. …… 그 결과는 상상도 할 수 없었을 것이다. 기한을 알 수 없는 세월 동안 전기, 가스, 식수, 석탄, 교통이 존재하지 않을 것이기 때문이다. 모든 철도 시설, 운하, 수문, 부두, 배, 기관차가 파괴되었다. 산업이 파괴되지 않은 곳에서도 전기와 가스, 물이 부족해서 아무것도 생산하지 못할 것이다. 어떤 저장시설도 전화도 존재하지 않는다. 한마디로 다시 중세시대로 버려지는 것이다.(p.560)

히틀러는 말년에, 많은 시간과 에너지를 들여 그가 그린 이미지에 맞추어 이루어낸, 건축학적 및 기술적으로 가장 뛰어나고 군사적으로 강력하며 문화적으로 세계를 위압하는, 그런 나라를 심지어 버릴 준비까지 되어 있었다. 그의 사기행각 뒤에 놓여 있던 냉소, 기만, 잔혹한 착취는 마침내 모습을 드러내긴 했지만 이미 돌이킬 수 없는 치명적 시점이었다.

그러나 히틀러가 추종자들에게 던진 이 지독한 유혹의 주문은 타격을 받긴 했지만 거의 온전하게 끝까지 살아남았다. 이 때문에 슈페어는 불명예스럽게 강등된 채 목숨을 걸고 베를린으로 돌아와 총통에게 마지막 인사를 했다.

> 그를 한 번 더 봐야겠다는 욕망이 내 모순된 감정을 배반했다. 비록 이미 너무 많이 늦었지만 히틀러의 삶이 끝나가기 때문에 이성적으로 나는 이것이 시급한 행동이라고 확신했다. 지난 몇 달 동안 내가 그에게 반대하며 행했던 모든 일의 밑바탕에는 히틀러가 전념했던 모든 것이 소멸하는 것을 막으려는 욕구가 깔려 있었다. …… 나는 그의 죽음을 조바심 내며 기다리는 것이 아니었다. …… 그런데도 바로 그 기대가 히틀러에 대한 나의 감정적 유대를 다시 한 번 끄집어냈다. …… 쓰러진 지배자에 대한 내 연민의 감정은 점점 더 강해지고 있었다. …… 한편에는 의무감, 복종 맹세, 충성심, 감사의 감정이 —다른 한편으로는 개인적 비극과 국가적 재난의 쓰라림이 있었고— 그 모두는 한 사람 주변으로 집중되었다. 바로 히틀러다.(pp.601-602)

슈페어가 자신의 양가감정을 받아들이고 히틀러가 독일 국민들에게 저지른 부정행위의 전모를 파악할 수 있었던 것은 훨씬 더 오랜 세월이 흐른 뒤였다. 스판다우 교도소에서 20년간 복역하면서 스스로 강요한 반성의 기간을 거친 후였다.

> 1960년 8월 24일…… 스판다우에서 그 모든 것을 검토하면서, 내가 섬긴 사람이 민중을 위한 선의의 호민관이 아니며, 독일의 위엄을 다시 세운 재건자도 아니며, 또한 광대한 유럽 제국의 실패한 정복자도 아니고, 병적인 혐오자라는 것을 점차 완전히 이해하게 되었다. 그를 사랑했던 사람들, 그가 항상 이야기했던 독일의 위대함, 그가 비전으로 만들어낸 제국 등 그 모든 것은 결국 그에게 아무런 의미도 없었다. 나는 아직도 그의 증언의 마지막 문장을 읽었던 놀라움을 떠올릴 수 있다. 세상의 종말이 다가오는 와중에도 그는 우리 모두에게 유태인에 대한 끔찍한 증오를 심으려고 시도했다.(1976, pp.353-354)

사기행위의 그늘

물론 사기행각이 항상 이런 비극이나 부패의 극단에 이르는 것은 아니다. 앞서 언급했듯이, 사기행각은 무능과 허위의 감정부터 고의적인 속임수까지 여러 방법으로 자신을 나타내는 개인적 성격 특징일 수 있다. 이런 현상이 조직생활에 미칠 수 있는 영향은 각 상황에 따라 그 범위가 넓다.

사기라고 느끼는 감정

여러 차례 "진짜"와 "신경성" 사기꾼이 구분된 바 있다.(Greenacre, [1958] 1971a, [1958] 1971b; Aarons, 1959; Gediman, 1985) 진짜 사기꾼은 실제 성과나 성취보다는 다른 사람인 척 가장하는 것이 우선인 자들이다. 신경성 사기꾼은 실제 성공을 이루면서도 자신을 사기성이 있는 엉터리 가짜라고 느끼는 자들이다. 이런 사람들은 자신이 다른 사람들이 생각하는 것처럼 그렇게 똑똑하거나 능력이 있다고 여기지 않고 모든 사람을 속이고 있다고 항상 느낀다. 그들은 자신의 성공이 운이나 변변치 않은 자신을 숨기려는 노력 또는 육체적 매력이나 호감도 같은 피상적 요인 덕분이라고 생각한다. 일부는 믿을 수 없을 정도로 열심히 일하고 언제나 지나치게 준비하지만 자신이 지적인 재능과 능력을 가졌다는 사실을 받아들이지 못한다. 그들은 늘 언젠가 자신의 사기성이 들통날 것이라는 공포 속에 산다. 다른 사람의 기대에 부응하지 못하고 재앙이 뒤따를 것이라는 두려움을 갖는다.

예를 들자면 고위직에 여성이 많지 않다고 알려진 네덜란드의 전도유망한 한 여성 임원은 직업과 가정생활을 동시에 하는 자신의 경험을 나에게 이렇게 설명했다.

> 내가 대학에 진학해서 경영학을 전공하기로 결심하자 대부분 사람들이 이를 지나가는 변덕이라고 생각했다. 기껏해야 몇 년 공부해서 좋은 남

편을 얻으려는 방법을 찾는다고 여겼다. 실제로 나는 남편을 찾기는 했지만 공부를 계속해 학위를 취득했다. 공부를 하면서 동시에 아이를 갖는 것은 그 당시에는 흔한 일이 아니었다. 분명 나는 이런저런 소리들을 들었다. …… 더욱 사람들을 불편하게 한 것은 취업을 하겠다는 나의 결정이었다. 엄마로서 어떻게 그런 결정을 할 수 있지? 그런 모습으로 살아갈 수 있다고 생각하는 걸까? 나는 대부분의 사람들이 나를 무척 무책임하다고 여겼을 거라 생각한다.

물론 나는 많은 압력에 노출되었고 내가 자랄 때 엄마에게서 받았던 것들과 맞서야 했다. 그녀는 전형적인 주부였다. 집에 머물지 않으면서 경력을 쌓아나가는 것은 분명 나를 나쁜 엄마로 만들었다. 다행히, 이제는 네덜란드에서 가정생활과 직업을 병행하는 것이 좀 더 일반적이 되었다. 하지만 그 당시에는 내게 그만두라는 압박이 많았다.

사업에서의 성공과 내 나름대로의 훌륭한 가정생활을 이어왔음에도 나는 여전히 두 가지 일을 병행하는 데 의구심을 갖고 있다. 그 증상은, 이와 싸워나가는 내 모든 노력에도 불구하고, 내게 끊임없는 죄책감으로 나타난다. 나는 정말 아무것도 잘하지 못한 느낌으로 항상 살아왔다. 남자들은 내가 무슨 말을 하는지 이해하기 힘들 것이다.

유년기의 심리 과제 중 하나는 "유아의 1차적 나르시시즘, 즉 자신과 부모의 전지전능함에 대한 믿음이……, 점차 희미해지는데 말하자면 이를 반드시 자율적 기능으로 대체"할 수 있어야 한다.(Mahler, Pine, and Bergman, 1975, p.226) 내면에 사기 성향을 느끼는 개인은 종종 분리/개인화 과정을 확립하는 데 어려움을 겪는다. 그들은 결코 독립적이라고 느끼지 못한다. 자신의 자아와 감정적으로 결합하지 못한다. 그들의 성취와 능력은 거짓으로 느껴지고 죄책감, 공포, 그리고 스트레스의 원인이 된다. 그들은 스스로 사기꾼이라고 여긴다.(Clance and Imes, 1978; Clance, 1985) 이런 사람들은 대체로 거절에 민감하다. 사회적 실패를 두려워하고 마음속에 남아 있는 의존적 욕구에 시달린다. 그들은 자신에 대해 뚜렷한 완벽주의적인 태도를 갖고 있다. 자신의 부모에 대한 지나친 기대를 적절히 자신의 목표로 만들지 못하고 표면적으로만 받아들이고 부응하려다 보니 불안, 자신감 부족, 우울증을 자주 겪는다.

내면에 사기 성향을 느끼는 여성은 가족력에 따라 두 유형으로 나눌 수 있다.(Clance & Imes, 1978) 연구에 따르면 첫 번째는 자신이 아닌 다른 자매가 훨씬 총명하다고 여기는 가족들로 인해 희생되는 유형이다. 이 유형은 나중에 내면적으로 사기 성향을 느끼는데 가족들에게서는 사회성이 뛰어나거나 민감하다는 평가를 받는다. 그녀의 계속된 성공에도 불구하고 가족은 "총명한" 자매에게 더 뛰어난 재주와 능력이 있다고 떠받드는데 실제 학업 성과는 훨씬 더 형편없는 경우가 많다. 가족이 한 자매를 높이 평가하면서 "민감한" 자매는 자신의 진정한 능력을 의심하게 되고 그녀의 가족이 확실히 옳지 않다는 의문을 품게 된다.

두 번째 상황은 사기 성향을 느끼는 당사자가 모든 면에서, 즉 지성, 성격, 외모에서 우월하다고 치켜세워진다. 어릴 때 얼마나 조숙했는지 등 많은 일화가 이어진다. 하지만 동시에 그녀는 어떤 일을 달성하는 데 어려움을 느낀다. 무분별한 방법으로 쏟아지는 칭찬으로 인해 그녀는 부모의 통찰력을 불신하게 되고 결국 자신까지도 믿지 못하게 된다.

능력의 귀속 문제는 성별에 따른 전형적인 고정관념에 해당한다고 주장할 수 있다. 이를테면 여자는 남자보다 경쟁력이 떨어진다고 규정되고, 일부 여자들은 자신의 성공이 남자와의 관계 그리고 엄마로서의 경쟁력을 위협할 수 있다고 우려한다. 그러나 내면에 사기 성향을 느끼는 사람이 여성에게 국한되는 것은 아니다. 남자들도 대개 자신의 아버지보다 무언가를 잘할 때 무의식적으로 죄책감 비슷한 감정으로 고통을 겪는다. 이 죄책감은 질투에 대한 두려움으로 생겨난 공포로 이어질 수 있다.(Schafer, 1984) 오이디푸스 드라마가 성공적으로 해결되지 않은 경우다. 이런 유아적 공포에는 종종 은밀한 메시지에 근거한 진실이 들어 있다. 그리고 성인이 될 때까지 그 상태로 머물러 있을 수 있다.(Kets de Vries, 1989) 종종 성공은 사람들을 그들 가족과 매우 다른 삶의 스타일로 투영하기 때문에 이런 감정은 커질 수 있다. 분리, 소외, 그리고 거절에 대한 현실적 두려움을 불러일으킨다. 그런데 젠더 문제와 관련해서는 언급할 가치가 있는 경고사항이 하나 있다. 이는 성생활에 관한 것이다. 남자가 오르가즘을 연기하는 것은 거의 불가능하지만 여자에게는 그렇게 어렵지 않은 사기의 한 형태다. 오르가즘에 도달하는 데 어려움을 느끼는 여성들이나 여러 가지 이유로 오르가즘 연기에 의지하는 여성들은 그들 삶의 다른 영역에서도 내면의 사기 성향을 발견할 수 있다.

진짜 사기꾼처럼 자신에게서 사기 성향을 느끼는 사람들은 다른 사람들의 인정을 받기 위해 거짓에 근거한 생존 전략을 채택한다. 아부, 지적 허영, 매력을 이용해 그들이 두려워하는 사회적 거부감을 피한다. 진짜 사기꾼처럼 이런 거짓을 유지하려는 긴장감은 오히려 이를 붕괴시키는 원인이 된다. 단순히 사기감을 느끼는 대신 이런 사람들은 자기 파괴적인 활동에 빠져든다. 이른바 "패배를 통해 승리"(Reik, 1941)를 획득한다. 그리고 스스로 저지른 바보짓으로 내면의 사기 성향에 대한 확신을 얻는다. 이런 행동은 과거에 형성된 자신이 관심을 갈구하던 패턴을 따라갈 수 있다. 특히, 여자들은 "신데렐라 콤플렉스"(Dowling, 1981)라 불리는 행동 패턴을 보일 수도 있다. 이런 자기 패배감은 보살핌을 받고 싶다는, 또는 자신을 돌보아야 한다는 책임에서 구출되고 싶다는 뿌리 깊은 소망의 표현이다. 하지만 왕자가 오기를 기다리는 전략은 그 비용이 커질 수 있다.

대체로 내면의 사기 성향을 느끼는 경우 개인이나 조직 모두에 심각한 영향을 미친다. 무능, 과잉보상적인 중노동, 뒤로 미루기(실제 행동을 취하는 데 따르는 두려움), 의심, 그리고 죄책감의 악순환은 떨쳐버리기가 극도로 어렵다. 이런 감정들이 나타나면 기능적으로 마비되거나 자기패배 행위로 이어질 수 있고, 조직적 맥락에서 지대한 영향을 가져올 수 있다.

사기꾼 되기

나는 앞서 우리 모두가 어느 정도는 사기꾼이라고 했다. 우리는 모두 무대 위에 올라 있다. 우리의 역할 연기는 조직 내에서와 같은 공적인 무대에서 행동할 때 더 두드러진다.(Goffman, 1971) 특히, 기업가는 사기꾼에게서 발견되는 품성 중 많은 부분을 가지고 있다. 결국, 사기꾼처럼 기업가는 자신의 환상을 현실로 바꿔놓으려는 사람이다. 자신의 아이디어를 타인에게 설득하고, 비전을 추구하고 싶은 강렬한 욕구 속에서 그들은 사실을 왜곡하는 방법에 의지할지도 모른다. 그럼에도 자신의 꿈을 팔기 위해 그들이 쏟아내는 열정은 비현실적이든, 그 자체로 불분명하든 중요하다. 왜냐하면 이를 통해 그들은 변화를 위한 촉매가 될 수 있고, 만약 성공적이라면, 경제적 개선을 이끄는 중심인물이 될 수 있기 때문이다.

그러나 때때로 꿈은 시들해진다. 기업세계의 흥미로운 사기꾼으로, 레파트 알 사예드라는 인물이 있다. 그는 한때 페르멘타Fermenta라는 스웨덴의 생명공학 회사 회장이었다. 전성기에 엘 사예드는 스웨덴의 금융과 산업계, 언론, 대중을 현혹시켰다. 그는 스웨덴에서 가장 부유한 사람이 되었는데도 돈에는 크게 관심 없어 하며 소탈하게 살아가 대중에게 폭발적인 인기를 얻었다. 스톡홀름 교외에 있는 작은 아파트에서 피자를 먹고 코카콜라를 마시는 그의 모습이 사진에 찍혔다. 주말에는 일반인들처럼 아마추어 팀과 함께 축구를 했다. 그는 스웨덴에 사는 대규모 이민자 집단의 자랑과 영감이 되었다. 1985년에는 스웨덴 텔레비전에서 주는 "올해의 스웨덴인"으로 선정되기까지 했다. 하지만 자신의 주장과는 달리 학위를 취득하지 않은 사실이 드러났고, 불행히도 처음에는 찻잔 속의 태풍처럼 보였던 그 사건이 더 많은 그의 부정행위들이 발각되면서 스캔들로 비화되었다. 한때 투자업계의 총애를 받던 페르멘타의 주식은 1년 만에 90퍼센트 이상 급락해 많은 스웨덴 기관과 개인들에게 막대한 피해를 입혔다.(Wittebort, 1987; Sundqvist, 1987) 이 정도 수준의 사기행각이 미치는 영향과 결과를 깊이 이해하기 위해서는 엘 사예드의 경력을 면밀히 살펴볼 필요가 있다.

엘 사예드의 어린 시절에 대해서는 알려진 바가 거의 없다. 또한 그는 자신에 대한 기록을 바로잡는 데 항상 협조적이지 않았다. 어쨌든 그는 이집트에서 1946년에 태어난 것으로 보인다. 5남매 중 막내 아들이었다. 아버지는 교사였고, 어머니는 체코슬로바키아 출신인데 그의 출생 1년 후에 사망했다. 엘 사예드에 따르면 그의 형제들 중 두 명은 이스라엘과의 전쟁 통에 사망했다. 그의 아버지는 재혼했고 아홉 명의 아이를 더 낳았다. 10대 시절 엘 사예드는 청소년 캠프에 참가하기 위해 체코슬로바키아를 두 번 방문했다. 1966년 그는 대학 진학을 위해 스웨덴으로 향했다. 그리고 스웨덴에 있는 동안 여름 캠프에 가기 위해 소련을 여러 번 방문했다. 1972년에 그는 스웨덴 사회복지사와 결혼했다.

엘 사예드의 어린 시절에 대한 설명에 허구와 사실이 어느 정도로 섞여 있든지 간에 한 가지 사실은 분명하다. 매우 혼란스럽고 변화무쌍했다는 것이다. 그가 어렸을 때 어머니를 잃은 사건은 가족에게 큰 충격이었을 것이다. 어머니가 그렇게 다른 문화적 배경을 가졌다는 사실은 그에게 호기심의 원천이 되었을 것이다. 계모와 더 많은 남매가 생겨난 현실은 그의 혼란을 더욱 가중시켰을 것이다. 우리는 엘 사예드의 삶에 다른 여성의 존재가 어떤 역할을 했을지 추측만 할 수 있을 뿐이다. 그의 아버지에 대해서도 알려진 바는 거의 없지만, 엘 사예드에 따르면 친할아버지가 그의 생각과 가치관에 중요한 영향을 끼쳤다고 한다.

엘 사예드의 설명을 믿는다면 그는 어린 나이에 자립해서 작은 어른처럼 행동할 수밖에 없었다. 우리는 여기에서 그가 연령에 맞는 적절한 성장을 하지 못했다는 것을 추론할 수 있다. 그는 삶의 이른 시기에 생존자가 되고, 주도권을 잡고, 자립하는 법을 배웠다. 그는 다른 사람들의 관심을 사로잡아 자신의 마법 속으로 데려오고, 리더의 역할을 맡을 수 있는 자신의 능력을 어떻게 일찍 깨달았는지에 대해 설명했다.

비록 우리가 그 가족 내의 역학관계에 대한 정확한 본질을 절대 알 수는 없다 하더라도 엘 사예드의 체코슬로바키아와 러시아의 방문 그리고 최종적으로 스웨덴으로의 이민은 자신이 진정 누구인지를 파악하기 위함이었음을 추론할 수 있다. 개인적 그리고 문화적으로 혼란스러운 정체성을 안정시키려는 시도였을 것이다. 하지만 그의 나중 행동은 이런 혼란스러운 감정이 사라지지 않았다는 사실과 현실과 허구를 구분하는 데도 어려움을 겪었다는 것을 보여준다. 고통스러운 현실을 가릴 수 있는 새로운 진실을 조작하고 이를 믿고 싶은,

자신의 욕망에 맞추고 싶은 바람이 너무 강해져서 그의 현실감을 손상시켰을지도 모른다. 그렇게 어린 나이에 강요된 심리적 생존의 요구사항은 일생의 과제로 변했을 것이다.

사업 경력 초기에 엘 사예드는 강한 기업가적 성향을 보였다. 그는 미생물학 컨설턴트로 일했고 몇 개의 특허를 보유했다. 1973년 마이크로 켐Micro-Chem이라는 회사를 차렸는데 나중에 많은 도움을 받았던 관계들을 이때 형성했다. 1981년에 그는 스웨덴 제약회사 아스트라 소유의 페니실린 공장에 관심을 가졌다. 페르멘타라는 그 공장은 손실을 보고 있었고 아스트라는 기꺼이 매각하려 했다. 자신의 재정상황에 대한 기발한 허위 진술과 —실제 그는 돈이 없었다— 몇 가지 창의적인 세금 조작으로 엘 사예드는 지분을 위해 스웨덴 왕관 하나만을 지불하고 페르멘타의 경영권을 얻었다. 당시 페르멘타는 페니실린 생산에 필요한 원재료를 만들고 있었다. 이는 전 세계적으로 과잉생산되는 침체된 시장이었다. 엘 사예드의 원래 아이디어는 페르멘타를 높은 이윤을 내는 제품인 소 백신 생산공장으로 바꾸는 것이었다. 하지만 그는 이 아이디어를 결국 추진하지 않았고 대신 여러 가지 항생제 회사를 계속 사들이는 길을 선택했다.

놀랍게도 페르멘타는 수익을 내기 시작했다. 환율이 유리하게 변동한 덕이 컸다. 1984년에 엘 사예드는 페르멘타를 공개하기로 결정했다. 투자설명서에는 신뢰도를 높이기 위해 그가 화학 분야의 박사학위를 가지고 있다고 기재되어 있었다. 페르멘타의 주식은 스웨덴 증시가 유례없는 상승세를 보이는 시점에 발행됐다. 게다가 스웨덴에는 생명공학 회사가 거의 없었다. 주식 발행은 16 대 1의 경쟁률을 보였다.

미디어의 모든 기사에서 엘 사예드는 미래지향적으로 최선두에 서 있는 화제의 인물이었다. 어떤 사람들은 그를 끊임없이 움직이는 대상이라고 묘사했는데 그가 꼭 집어 설명하기 어려운 특징을 가지고 있다는 의미였다. 그의 말은 빨랐고 심한 악센트가 섞인 억양에 내용은 단편적이었으며 종종 앞뒤가 맞지 않았다. 그의 특이한 행동과 매너는 많은 사람들을 당황시켰지만 단지 이해하기 어렵다는 이유로 생겨난 신비감 때문에 사람들은 천재라는 딱지를 붙였다. 제각각 다른 생활방식을 가지고 있는 스웨덴에서 관습에 얽매이지 않는 이 외부인은 청중을 완전히 매료시켰다. 그는 다른 사람들의 관심을 자신의 동력으로 이용하는 흔치 않은 재주가 있었다.

엘 사예드는 다른 사람들의 심리를 읽는 데도 재능이 있었다. 그의 따뜻하고 너그러운 태도는 매력적이었고, 그는 그와 접촉하는 사람에게 정확히 원하는 것을 주는 능력을 가진 것처럼 보였다. 통계와 숫자를 능숙히 다루는 능력은 그를 매우 성공적인 협상가로 만들어 주었다. 그러나 나중에 살펴봤을 때, 그의 발표 중 많은 것이 부정확했던 것으로 드러났고 그는 사람들에게 미치는 자신의 영향력을 자주 이용했던 것으로 보인다. 역설적으로 엘 사예드의 반 영웅적 자세는 그렇지 않은 경우보다 오히려 더 관심을 끌어모았다. 이는 호감과 인기를 얻으려는 그의 욕구를 충족시키는 효과적인 방법이었다. 결국 볼보 대변인이 엘 사예드의 행동이 생각하는 것보다 훨씬 고의적이었다고 말한 것처럼 그는 스웨덴 사회, 즉 정치인, 사업가, 재무 분석가, 금융인, 언론인 모두를 속였다.(Wittebort, 1987, p.96 인용)

1985년은 페르멘타가 급격한 속도로 팽창한 해였다. 엘 사예드는 미친 듯이 새로운 기업을 인수하고 관련 분야의 다른 회사들과 합작투자와 마케팅협약을 맺었다. 그의 목표는 세계 가격에 영향을 줄 수 있는 항생제 분야의 선두 주자가 되는 것이었다. 그동안 그는 스웨덴에서 가장 명성 있는 사업가들 중 몇 명을 자신의 이사회에 끌어들이는 데 성공했다. 1985년 말에 엘 사예드는 적어도 서류상으로는 스웨덴에서 가장 부유한 사람이 되었다. 그는 1986년 1월에 극적인 계약을 발표하면서 경력의 정점을 찍었다. 볼보의 지원으로 페르멘타는 스웨덴의 제약 및 생명공학 산업을 통합하는 데 앞장서서 주요 경쟁회사들에 대한 지배력을 얻게 될 예정이었다.

이 발표가 있은 직후 엘 사예드의 박사학위 취득 여부에 대해 의문을 제기하는, 악의 없는 기사가 알려지지 않은 작은 신문에 실렸다. 많은 이들에게 이는 받아들이기 어려운 작은 의혹이었다. 최초의 의혹 이후에 관련 당국은 엘 사예드의 여러 가지 행위에 대해 면밀한 조사를 시작했다. 결국 볼보와의 계약은 물거품이 됐고, 사회주의적 방식으로 자본주의 게임을 하는 그의 능력 때문에 이름 붙여진 "사회주의자의 꿈"은 급격히 토대가 무너져 내렸다.

점점 더 많은 변칙행위가 드러났다. 선불 지급된 장기계약, 수익으로 기장된 자본거래, 페르멘타 주식 수익보증 환매 약정, 그리고 다른 수상쩍은 거래를 위해 엘 사예드 자신에게 지불된 대출금 등이 문제가 되기 시작했다. 페르멘타가 부정확한 보고서와 무리한 예측으로 운영되어왔음이 분명해졌다. 스벤스카 한델스방켄과 제휴한 투자회사 인두스트리바덴은 페르멘타의 자산이 큰 폭으로 과대평가되어 있다는 것을 발견했다. 또한 페르멘타 이익의 일부는 존재하지도 않는 거래에 의해 발생했다는 것이 밝혀졌다. 그리고 엘 사예드가 페르멘타의 주가를 조작했다는 사실 또한 분명해졌다.

그는 언론플레이에 능숙해서 필요하다고 생각하는 모든 곳에 무일푼에서 부자가 된 자신의 성공 스토리를 활용했다. 취재를 원하는 모든 기자에게 주가에 영향을 미칠 수밖에 없는 선물거래, 인수합병에 관한 이야기를 들려주었다. 결국 모두들 엘 사예드가 판 것은 꿈과 약속일 뿐이고, 페르멘타 주가의 대부분은 실체보다는 허상 위에 세워졌으며, 그의 회사는 첨단기술 기업과는 거리가 먼 단순한 제조회사라는 것을 깨달았다.

엘 사예드는 사기꾼의 많은 특징을 보여준다. 쇼맨십, 말솜씨, 타인의 탐욕을 활용하는 재능, 청중의 불신을 멈추게 하는 능력, 자신의 모험적 성공스토리에 대한 흥분을 불러일으키는 능력 등. 불안한 정체성의 변화무쌍한 특성은 재계의 거물과 그저 평범한 사람의 역할 사이를 오가는 형태로 나타났다. 그가 사실과 환상을 섞는 방법은 그의 현실검증 능력이 일정 부분 손상되었다는 것을 보여준다. 자신의 학위 자격에 대한 거짓말은 확실히 자멸행위였다. 스스로 만들어낸 자신에 대한 대중의 높은 관심을 고려할 때 발각되는 것은 피할 수 없는 결과였다.

분명히 엘 사예드는 자신의 행동에서 뭐가 잘못됐는지를 발견하지 못했다. 많은 다른 기업가들처럼 경계를 설정하고 내 소유와 회사 소유를 구분하는 행위는 그의 적성에 맞지 않았다. 그는 아마도 자신이 옳다는 것을 보여주는 1차원적인 보고서를 통해 자신의 행동이 회사의 이익을 극대화시킨다고 합리화했을지도 모른다. 그는 자신의 수완을 통해 개인적으로 큰 이득을 본 것처럼 보이지도 않는다. 사실 엘 사예드는 페르멘타와 자신을 강하게 동일시해 아직 거래가 가능한 상황이지만 회사를 매각해 부를 얻는 일을 하지는 않았다. 엘 사예드와 개인적으로 만나보니 여러 면에서 그의 행동이 전형적인 기업가와 크게 다르지 않다는 나의 믿음이 강화됐다. 모든 기업가에게는 꿈이 필요하지만 가끔 그 과정에서 현실과 환상을 구별하는 데 어려움을 겪기도 한다. 자신의 내적 혼란을 해결하기 위한 시도를 하다가 엘 사예드는 적정선을 넘어선 것으로 보인다. 그의 개인적 신화는 점점 더 그를 곤경에 빠뜨렸다. 개인적 문제와 사업상의 문제들이 서로 얽혀들었다. 그의 자기기만이 결국 스스로를 몰락으로 이끌었다.

엘 사예드는 산산조각 난 투자자들의 환상 때문에 비난을 받았다. 하지만 시간이 흘러, 흔히 그러하듯 악당이 영웅으로 미화되고 있다. 그리고 투자자들도 자신의 탐욕에 대한 희생자이므로 전혀 잘못이 없다고 말하기는 어렵다고 주장할 수 있다. 결국 더는 약속을 지킬 수 없게 되자 엘 사예드는 희생양이 되었다. 비록 우리는 그가 완전히 의도적이지는 않았고 무의식적인 힘에 휩쓸렸다고 가정할 수 있지만 그는 스톡홀름 법원에서 14가지 금융 관련 위법행위로 5년의 징역형을 선고받았다.("From Rags to Riches to Penitentiary," 1989, p.12)

엘 사예드의 이야기에서 놓쳐서는 안 될 부분은 그와 같은 사람들이 우리 사회의 생명줄이라는 점이다. 그들은 다른 사람들이 인식하지 못하는 새로운 가능성을 보고 기존 관행과 패턴을 재평가하는 데 도움을 준다. 그가 자신이 선택한 나라에 남긴 다소 아이러니한 유산은 그의 스캔들이 스웨덴의 금융 시스템에 급진적이고 지속적인 변화를 불러일으켰다는 점이다.

사기행각에 대처하기

G. K. 체스터튼은 "진정 뛰어난 사기꾼은 가장 비참한 형태의 천재다. 사막의 섬에 고립된 나폴레옹이다"라고 말한 적이 있다. 하지만 우리가 살펴보았듯이 대부분의 사기꾼들이 그렇게 뛰어난 성과를 보이지는 않는다. 즉 그렇게 오랫동안 나폴레옹으로 남아 있지는 못한다. 결국 숨겨진 결함이 표면화되고 스스로 마스크를 벗는다. 현실 검증에 대한 문제가 그들을 무너뜨린다.

우리 모두에게 당면한 과제는 세이렌이 인스턴트 사랑, 돈, 행복 등을 약속하며 굴복하라고 유혹할 때 감정적인 힘에 휩쓸리지 않고 현실 검증 능력을 유지하는 것이다. 말이 안 되는 약속이나 확약을 제시받을 때, 의심을 접어두라는 유혹을 받겠지만, 우리는 경고음에 귀를 기울이고 오래도록 자세하게 살펴야 한다. "저를 믿어요. 제가 당신에게 필요한 모든 일을 잘 처리하겠습니다"라고 신호를 보내는 사람들에게 저항하는 일은 쉽지 않다. 특히 탐욕과 싸우고 이를 인정하는 일은 더 어렵다. 그러나 이런 감정을 누군가 자꾸 건드리고 깨워낼 때는 뒤로 물러나서 조사하고, 상의하고, 다시 평가해야 하는 순간이다.

사기꾼의 최면술이 우리가 다뤄야 할 유일한 문제는 아니다. 우리는 자신의 사기꾼 성향도 잘 파악해야 한다. 이는 그 자체로도 개인과 조직의 기능에 해로운 영향을 미칠 수 있다. 때때로 우리 모두는 부정적인 생각과 자기 의심의 희생양이 되곤 한다. 이런 감정들에 끝없이 사로잡히면 자신을 포함해 가까운 사람들의 삶까지 비참해지는 주문에 빠져든다. 우리가 자신의 진정한 정체성을 되찾기 위해서는 많은 시간과 노력이 필요하다. 이러한 변화는 어렵기는 하지만 준비가 되어 있고 기회가 주어진다면 불가능하지는 않다. 이를 통해 우리 행동과 그 동기에 대한 통찰력을 습득할 수 있다. 자신의 맹점을 인식하고 사색하는 능력을 개발하면 사기꾼의 최면술 효과와 내면의 사기 성향으로 무력해지는 것을 예방할 수 있다.

7장

Leaders, Fools and Impostors

리더와 공모하다

오랜 세월 나는 특히 민주주의에서 살아남으려는 정치인들에 대한 깊은 동정심을 키워왔다. 때때로 나는 알바니아에서 북한에 이르는 다양한 전체주의 정부 모델을 부러운 눈길로 바라보곤 했다. 그런 환경에서 효과적인 리더가 되는 것은 얼마나 더 쉬운 일인가.
그 친구들이 영원히, 아니면 적어도 총에 맞을 때까지 자리를 유지하는 것은 그리 놀라운 일이 아니다.

_헨리 로소브스키, 『대학: 소유자들의 매뉴얼(The University: An Owner's Manual)』

최근에 우리가 목격했던 권력 남용의 가장 극단적인 예는 1930년대와 1940년대 나치의 유럽 영토에 세워진 강제처형수용소이다. 2차 세계대전이 끝난 뒤 드러난 수용소 내부의 실제 모습은 그 시간 이후의 모든 사건들을, 심지어 역사적인 관점에서 그보다 선행하는 사건들까지 포함해서 도덕성을 판단하는 기준점을 제공했다. 거기에 더해 많은 사람들이 자신의 개인적 책임에 대해 다시 한번 평가해보라고 강요받았다. 반응은 세대를 이어 부정에서 불신, 슬픔까지 그 범위가 다양하다. 그 시기와 개인적인 연결고리가 증조부, 조부, 그리고 부모 세대에 단절된, 사건 한참 후에 태어난 사람들에게까지 영향을 미친다. 그렇다 하더라도 질문은 남는다. 어떻게 그런 일이 일어났지? 어떻게 가능했지? 어떻게 사람들이 서로에게 이런 짓을 할 수 있지?

해답은 인간의 마음속 깊은 곳에 있다. 독일수용소의 끔찍한 성공은 심리학 원칙을 이해하고 잔인하게 악용한 탓이 컸다. 어떻게 그런 일이 발생할 수 있었느냐는 떨칠 수 없는 질문에 해답을 찾는 유일한 방법은 동일한 경로를 좇아가는 것이다. 이런 극단적인 독재의 영향 아래 인간의 심리가 어떻게 작동하는지를 살펴보고 그 과정을 이해함으로써 이와 싸울 수 있는 수단을 찾아야 한다. 전쟁 발발 전 다하우와 부헨발트 강제수용소에 1년간 수감됐던 심리학자 브루노 베텔하임은 극심한 두려움과 공포 아래 살아가는 심리적 결과에 대한 연구를 담은 자신의 저서 『알고 있는 마음The Informed Heart』에서 이러한 과정에 대한 이해를 제시했다.

> 내 접근방식은……, 우리 마음 가장 어두운 부분을 발견해서 무의식이 인간 행동을 어떻게 자극하는지를 통찰한 프로이트의 연구를 따랐다. 우리가 이런 요소들에 대해 눈을 감지 않고 그 존재를 받아들여야만 우리의 파괴적 성향을 통제하는 것이 얼마나 중요한지를 확신할 수 있다. 그렇게 내 세대가 겪었던 이런 재앙을 막아낼 수 있을 것이다. …… 우리는 나치의 테러리즘과 인종학살의 의미를 잊거나 왜곡해서는 안 된다. 한 세대 전에 평범한 사람들이 평범한 사람들에게 저지른 끔찍한 짓 때문이 아니라 이 사건이 오늘날의 사람들에게 던지는 경고 때문이다.(1986, p.xiii]

수용소 안팎에서 나치국가의 목표는 각 개인에 대한 완벽한 지배였다. 다만 장기적, 단기적 목표가 달랐다. 장기적으로는 천년제국의 번영이었고, 단기적으로는 독일의 발전을 위한 노예노동을 확보하고 나중에 그들을 전쟁자원으로 활용하는 것이었다. 사용한 수단은 비슷했다. 공포, 위협, 강요된 잔인한 공모관계에 근거해 각자의 지성, 감정, 감각이 보여주는 증거를 부정하게 만들었다. 베텔하임은 강제수용소에서 "국가의 모든 성향이 강조되었다"라고 썼다.(p.240) 수용소 내에서 죄수들은 체계적으로 개인 소유물과 신분이 박탈되었으며, 더 이상 이름으로 구분되지 않고 단지 숫자로만 언급되었다. 그들에게는 심지어 가장 기본적인 위생시설조차 허용되지 않았으며 종종 스스로를 더럽히도록 강요당해서 감독자들이 희생자들을 인간 이하로 분류하고 어떤 잔학행위도 쉽게 합리화할 수 있게 만들었다. 이 냄새나고 영양이 결핍된 부당한 존재에게서 모든 인간성은 제거되었다.

이 절차는 우등인간Ubermensch과 열등인간Untermensch의 "분리" 프로세스를 단순화했다. 개인은 재빨리 집단 속으로 가라앉았다. 살아남은 개인주의가 드러나면 가혹하게 처벌받았다. 그것은 급격한 자기 제거 절차였다. "자존감을 가진 어른에서 순종하는 어린아이로 하향하는 속도를 올리기 위한 의도적인 노력"이었다.(p.134) "수용자의 개인 이익과 나치 친위대의 압박이 같은 방향으로 작용했다. 독립적인 자세를 고집하는 것은 위험과 많은 곤경을 내포했다. 나치 친위대에 복종하는 것이 수용자의 이익으로 보였다. 왜냐하면 자동적으로 삶이 편해지기 때문이었다. 수용소처럼 명백한 형태는 아니었지

만 유사한 메커니즘이 강제수용소 밖의 독일 거주자들에게도 작용했다."(pp.135-136)

이 과정의 궁극적인 결과는, 충분히 오래 살아남은 수용자들의 "나치 친위대의 가치와 행동을 자신의 것으로 기꺼이 받아들일 수 있는 인격구조"였다.(p.169)

> 나치 친위대의 언어적 공격을 따라 하는 데서 육체적 공격을 따라 하는 단계까지는 한 걸음 차이지만 몇 년이 걸렸다. 수용자가 다른 수용자들을 감독하는 경우 친위대보다……, 더 나쁜 행동을 하는……, 오래된 수용자를 찾는 것은 그렇게 드문 일이 아니었다.
> 오래된 수용자들은 목표와 가치뿐 아니라 외모에서도 친위대와 같은 모습으로 꾸미려는 경향이 있었다. 그들은 낡은 친위대 유니폼 조각들로 스스로에게 권위를 부여하려 했고 이것이 잘 되지 않을 때는 수용복을 꿰매고 수선해 친위대 유니폼을 닮을 때까지…….
> 오래된 수용자들은 친위대를 향해 어린아이 같은 의존성을 갖거나 강요당했다. 그 결과 그들 중 다수가 친위대 무리를 자신의 전능한 아버지라 여겼고, 그들 중 일부라도 공평하고 상냥하기를 바라는 것 같았다. 따라서 이상하게 들릴지도 모르겠지만 그들은 친위대를 향한 긍정적 감정 역시 가지고 있었다.(pp.171-172)

공격자와 자신을 동일시하는 과정은 심리적 안정을 조금이라도 얻기 위한 개인의 압도적인 욕구에서 비롯된다. 이런 특별한 형태의 자기 정체성 확인의 경우, 개인은 공격자를 가장함으로써 그 속성을 따라 하고 위협을 받는 자에서 위협을 가하는 자로 자신을 변화시킬 수도 있다.

잠재적 피해자들은 자칭 공격자들이 소유한 힘의 일부라도 얻기를 희망한다.(Freud, 1966) 베텔하임은 독일 국민 대다수 사이에서 작용한 이 과정을 탐구하고 다음과 같이 결론지었다. "독재가 더 절대적일수록 피지배자들은 더 약해지고 독재자의 일부가 되어 힘을 '되찾아' 이를 즐기고 싶은 유혹에 더 빠져든다. 이 모든 것을 받아들이면 순종을 통해 어떤 내적 융화를 얻거나 다시 찾을 수 있다. 그러나 반드시 치러야 할 대가는 무조건적인 독재자와의 자기 동일시다. 줄여서 말하면, 자율성을 포기하는 것이다."(p.294)

나치강제수용소가 전체주의 국가에 의한 억압 효과의 궁극적인 표본을 보여준다면, 많은 비슷한 체제에서 대상을 통제하기 위해 사용하는 기술들 모두 유사한 심리학적 방법의 남용을 드러낸다. 1980년대 말 동유럽 공산주의 체제가 무너진 후에 많은 나라들이 오랫동안 국민들을 억압하고 조종했던 비밀 안보체제를 밝혀내고 해체하는 고통스러운 과정에 직면했다. 동독 시민들은 슈타지Stasi, 즉 비밀경찰의 실제 활동 범위를 밝혀내면서 엄청난 충격을 받았다. 슈타지의 서류가 공개되면서 그들은 친구가 친구를, 남편이 아내를 염탐하고, 아이들이 부모를 상대로 한 역할을 볼 수 있었다. "모든 사람을 관찰하고 가능한 한 많은 사람을 그 과정에 끌어들임으로써 [시스템은] 대부분의 목적을 달성했는데, 이는 전체사회에 대한 외적 순종을 강화하는 것이었다. 소수의 용감한 사람들만이 무거운 대가를 기꺼이 지불하면서 저항했다. 여기에는 감옥, 사회적 고립, 비참한 고용, 그리고 종종 가장 고통스럽게는 그들의 자녀에 대한 교육 및 직업 기회를 박탈하는 것이 포함돼 있었다.("Days of Reckoning," 1992, p.20). 그들은 나라를 재건하고 범죄자들에게 응당한 처벌을 함으로써 정의를 실현하하고자 했다. 그러나 정부의 정보 시스템이 너무 복잡하게 짜인 탓에 문제에 부닥쳤다. 가장 큰 문제는 죄있는 사람과 죄 없는 사람을 구분하는 선을 어디에 그을지, 그리고 구체적인 명령을 내린 당 관료와 고의적인 침묵을 한 일부 시민들까지 복잡한 범위의 어디에서 책임이 시작되고 끝나는지를 결정하는 것이었다.

『힘없는 자들의 힘(In Power of the Powerless, 1990)』에서 바츨라프 하벨은 이렇게 썼다. "모든 사람에게는 익명의 군중에 섞여 편안하게 가짜 삶의 강을 흘러 내려가려는 마음이 존재한다." 이번 장에서 나는 권력을 가진 자들이 이런 보편적 인간 성향을 어떻게 악용하는지를 살펴볼 것이다. 20세기의 마지막 10년에는 매우 다른 맥락에서 리더에 의한 권력이 남용된 두드러진 두 가지 예가 나타났다. 첫 번째는 이라크의 대통령 사담 후세인이다. 그는 1991년 자신이 시작했던 두 번의 유혈전쟁 중 두 번째 전쟁을 일으켰고 그 후 10년 만에 패배했다. 두 번째 예는 로버트 맥스웰이다. 그의 비즈니스 제국은 그가 1991년 11월에 사망한 지 며칠 만에 완전히 붕괴해서 경제계를 뒤흔들고 국내외 신문에 대서특필되었다. 나는 우선 맥스웰의 행위나 그에 따른 결과의 범위를 후세인의 경우나, (이번 장의 앞부분을 고려해서) 나치의 경우와 연관시키거나 동일시하지 않는다는 것을 선언해 두고 싶다. 그 대신, 나는 다른 상황과 맥락에서 권력 남용의 효과를 살펴보고, 인간 본성의 어두운 면이 다양한 상황에서 어떻게 모습을 드러내는지 검토해보려 한다.

정치적 리더가 권력을 남용할 때 : 사담 후세인의 경우

앞서 나치의 도를 넘는 행위 등과 관련해서 살펴봤듯이, 독재자에 의한 폭정은 국민들에게 어린아이 같은 행동과 의존성을 강요한다. 폭정의 세계를 움직이는 역학은 간단하다. 흑백으로 판단되는 세계에서 사람들은 그들에 대한 지지자나 반대자로 분류된다. 흑백이 아닌 뉘앙스는 허락되지 않는다. 독립적인 사상가들은 살아남을 수 없다. 협력하지 않는 자들은 즉시 새로운 악당이 된다. 리더의 이상으로부터 일탈한 자들은 열등한, 인간 이하의 지위를 부여받고 분노의 대상이 된다.

능동적이든 수동적이든 대부분의 사람들은 재빨리 줄을 서서 결탁한다. 순응할 준비가 안 된 자들은 리더의 희생양이 된다. 결탁하는 행동은 두 가지 방법으로 자기방어를 한다. 우선, 리더의 희생양이 될 가능성을 낮춘다. 다음은 우리가 이미 살펴봤듯이, 공격자에게 자신을 맞추는 동일시 행위는 전체주의 아래에서 직면하는 무력감과 고립감을 해소한다. 리더와 가깝다고 느끼는 것은, 즉 시스템의 일부가 된다고 느끼는 것은 자신이 강력하다는 환상을 만들어낸다. 이런 공격자와의 동일시 과정은 집단사고의 틀에 참가하라는 유혹과 함께 특정 행동을 요구한다. 가장 단순한 형태는 공격자가 적이라고 지정한 사람들을 향한 폭력에 동참하는 것이다. 이런 식의 죄의식 공유는 리더가 희생자를 끝없이 제공함으로써 유지시킬 수 있는 헌신의 표시가 된다. 추종자의 대다수는 리더에 대한 사랑과 공포 사이에서 고통스러워하며 그들에 대한 요구에 복종할 것이다. 리더가 원하는 방향으로 일들이 풀려가지 않을 때 집단적 복수를 할 수 있는 많은 편리한 희생양들이 제공된다. 그들이 두려워하는, 시스템을 위협하는 사악한 존재라고 인식하는 모든 것을 투영할 구체적 실체가 된다.

이런 식의 전개는 끔찍한 결과로 이어질 수 있다. 조직의 완전한 자멸로 이어질 수도 있고, 정치적 리더의 경우 전체국가의 종말이라는 결과를 초래할 수도 있다. 우리는 이라크의 사담 후세인에게서 이런 과정이 전개되는 것을 지켜봤다. 우리가 후세인의 과거에 대해 알고 있는 흐릿한 사실만으로 허구와 진실을 구분하기는 어려운 일이다. 대부분은 후세인이 부지런히 진실을 흐리고 많은 개인적 신화를 창조해냈기 때문이다. 우리는 그가 1937년 사막도시 티크리트에서 태어났고 가족이 극도로 가난했다는 사실은 알고 있다.(Darwish and Alexander, 1991; Rayski, 1991; Karsh and Rautsi, 1991; Coughlin, 2002) 그의 이름은 "맞서는 사람"이라는 의미를 가졌는데, 이는 앞으로 닥칠 일에 대한 불길한 예고다. 그는 아버지를 알지 못했다. 그의 아버지는 사담이 태어나기 전에 살해됐다거나 실종 아니면 죽었다는 등 여러 가지 이야기가 전해진다. 어떤 이유에서든지 간에 남편 없이 홀로 남겨진 그의 어머니도 최근 큰아들의 죽음으로 슬픔에 빠져 있었다. 대체로 이런 상황은 새로 태어난 아기에게 상서로운 시작은 아니다. 우리는 부모의 부재와 가족의 죽음으로 삶을 시작한 아기에게 막대한 부담이 주어졌을 것이라고 추측해볼 수 있다. 여기에 그를 향한 엄마의, 아마도 애증이 섞인 감정과 나중에 계부의 폭력까지 더해졌다. 그런 부담들이 후세인이 자신을 환영받지 못하는 아기라고 인식하는 감정을 강화시켰을 것이다.

그의 어린 시절은 분노, 폭언, 폭력, 범죄로 가득 차 있었다. 도둑질을 하라고 밖으로 내보내는 계부 때문에 교육을 받지 못한 후세인은 여덟 살 때 학교에 가기 위해 집에서 도망쳤다. 그들이 발표한 공식적인 기록에 따르면, 그는 열 살 무렵에는 총기 사용에 능숙했으며 심지어 이때부터 총기를 휴대하고 다녔다.

대개는 이런 불리한 시작을 겪은 사람이 대단한 삶을 살아가기를 기대하기는 어려운 일이다. 그렇지만 커나가는 아이에게 관심을 가져주는 누군가가 있다면 달라질 수 있다. 후세인의 경우에 그의 외삼촌인 바그다드의 학교 교사 카이랄라 툴파가 그 역할을 했다. 툴파는 2차 세계대전 당시 영국군에 의해 진압되어 실패한 친나치 쿠데타에서 그가 맡았던 역할 때문에 이라크 군대에서 쫓겨난 사람이었다. 이 사건은 그에게 평생 영국에 대한 증오를 안고 살게 만들었고 그가 이루지 못했던 "제국주의"는 조카에게 흡수되었다. 후세인의 야망은 자신이 직접 군대 장교가 되는 것이었다. 당시 이라크는 쿠데타와 이에 대한 반군에 의해 분열되어 있었기 때문에, 이라크에서는 군대 경력이 신분 상승을 위한 유일한 보장책이었다. 그러나 부진한 성적 때문에 후세인은 바그다드 사관학교에서 쫓겨났는데 이때의 실망감을 보상하기 위해 그는 권력을 잡은 후 자신을 야전사령관이라고 선언했다.

일찍이 후세인은 소란스러운 이라크 내정의 특징적 현상이었던 정치적 음모에 깊숙이 관여했다. 1956년 그는 이라크 군주제에 대항한 쿠데타에 참가했고, 20세가 된 1년 후에 바트당에 입당했다. 그리고 이 당은 국가의 정치적 조직이 된다. 바트당은 일종의 사회주의적 범아랍 이념을 천명하지만 실제로는 독일민족사회주의와 이탈리아 파시즘 사상을 바탕에 두고 있었다. 학창 시절부터 후세인은 바트당 바깥에서의 사생활이 없었던 것으로 보인다.

후세인은 삼촌과 함께 당시 이라크 통치자였던 압둘카림 카심 장군을 살해하려 했던 시도로 유명해졌다. 이에 대한 공식적인 설명은 용납할 수 없는 정권을 끝내기 위해 순교를 각오한 후세인의 의지가 드러난 사건이라는 것이다. 우리는 당과 국민에 대한 충성심으로 철칙을 가지고 두려움 없이 민첩하게 행동하는 이야기 속에서 한 남자와 신화가 합쳐지기 시작한다는 것을 알 수 있다. 마침내 카심이 제거되자 바트당이 정권을 잡았고, 후세인은 테러와 암살을 책임지는 특별부대를 지휘하는 지역평의회 사령관으로 승진했다. 그는 카스르 알니하야트, 또는 파이살 왕과 그 가족이 처형된 장소라서 붙여진 이름인 '종말의 궁전'에서 심문이나 고문을 하는 역할을 맡았다. 후세인은 당의 내부 보안 시스템인 "갈망의 도구"라는 의미의 지하즈 하닌 Jihaz Hannen을 구축하기 시작했다. 그의 권력은 대통령이었던 사촌 아흐마드 하산 알바크르의 뒤를 이어 혁명평의회(국가의 실권을 가진 기구)의 부의장이 될 때까지 커졌다. 1968년과 1969년 이라크에서는 바그다드 해방광장에서 이뤄진 많은 처형을 포함해서 일련의 주요 숙청이 이뤄졌다. 이때 간첩이라고 주장된 열네 명이 공개적으로 교수형에 처해졌다.

1979년 7월 17일 국경일에 후세인은 건강상의 이유로 전날 사임한 사촌의 자리를 대신해서 자신을 대통령으로 선언했다. 5일 후, 후세인은 잠재적 경쟁자들을 제거하기 위해 당원들 사이에서 드라마틱한 숙청을 시작했다. 바트당 당원 1,000여 명이 모인 회의에서 그가 목록에 적힌 이름을 지명하면, 당사자는 이라크와 당에 저항하는 시리아 지원 음모에 참여했다는 자백이 적힌 글을 읽어야 했다. 공포에 질린 나머지 사람들은 "사담 후세인 만세"와 "배신자에게 죽음을"(Darwish and Alexander, 1991; Karsh and Rautsi, 1991)이라고 외쳐댔다. 공격자와의 동일시 그리고 죄책감을 공유하는 과정이 벌써 작동하기 시작했다. 자신의 메시지를 강조하기 위해 후세인은 이 사건을 촬영하고 바트당과 군부의 고위 간부들에게 사본을 배포했다. 이후 지명된 "공모자" 중 22명은 "민주적 처형", 즉 후세인을 포함한 동료 당원들로 구성된 사격부대에 의해 처형됐다. 다른 사람들은 장기 징역형을 받았다. 음모를 조작하고 공포감을 조성하는 수단은 대중이 그의 리더십을 추종하게 만드는 후세인의 주요 무기로 사용되었다.

수집 가능한 모든 정보로부터 우리는 후세인의 내면세계가 거창하고 폭력적이라는 것을 추론할 수 있다. 쿠데타와 그에 대한 반군이 싸우는 전형적인 혼란스러운 정치적 상황에 의해 더 심해진 그의 편집증은 명백해 보인다. 특히 피비린내 나는 전체주의를 만들어낸 점에서 가장 뚜렷하게 드러난다. 이라크는 결국 그가 전적으로 지배하는 바트당에 의해 독재적으로 운영됐다. 비밀경찰은 국민을 견제했고 고문을 통해 정부정책을 강제했다. 체제에 순응하지 않으면 어떤 위험이 벌어지는지를 끊임없이 생겨나는 "국민의 적"에게 보여주기 위해 여러 방법으로 벌을 내렸다. 정보원들이 도처에서 수상쩍은 행동을 보고할 준비가 돼 있었다. 후세인이 만들어낸 정권은 우연히도 그의 영웅 중 한 명이었던 스탈린과 매우 흡사했다. 우리는 후세인의 행동에 그가 가진 내면의 폭력성이 반영되었다고 추측할 수 있다. 잠재적 적수를 제거해야 한다는 그의 집착, 전 세계에 파견된 그의 암살단, 자국 시민들에 대한 독가스 처형, 이라크 내의 쿠르드족과 시아파 회교도들에 대한 처리에서도 그의 폭력성을 알아볼 수 있다. 무엇보다도 그가 시작하고 패했던 두 번의 전쟁 중 발생한 셀 수 없이 많은 전사자에서도 이를 찾아볼 수 있다.

하지만 후세인이 원하는 것은 무엇이었을까? 폭력적인 행동을 하게 만든 동기는 무엇이었을까? 그는 아랍 국가들을 부흥시킬 수 있는 새로운 종류의 세계질서를 찾고 있었다고 대답할 것이다. 그가 권력의 정점에서 인터뷰했을 때, 자신의 거주지 전체가 한때 다른 문명들을 위한 반짝이는 빛이었고, 아랍 국가는 "문명의 요람이자 모든 예언자들의 근원"이었다는 향수에 젖어 살고 있었다.(Matar, 1981, p.237) 그는 자신의 사명이 외국 침탈자와 강대국들에 맞서 아랍 사람들을 단결시키는 것이자, 가난하고 살 곳을 빼앗긴 아랍 민중의 심금을 울리고 이에 화답하는 집단적인 외침이라고 보았다. 특별히 하나의 적을 선정하자면 이는 바로 시오니스트였다. 후세인은 자신을 이전의 영광스러운 리더, 즉 유대인 노예들을 밧줄로 묶어 팔레스타인에서 데려온 네브카드네자르와 살라딘의 후계자라고 생각했다.

그러나 이것이 만약 그가 공언했던 사명이라면 그 폭력과 편집증, 그의 삶을 채웠던 걷잡을 수 없는 나르시시즘을 설명하거나 정당화할 수 없다. 이런 거창한 나르시시즘이라는 개념으로는, 허상이 깨지기 전까지 존재했던 인격숭배와 과장된 찬사들을 설명하기에 부적절하다. 이라크의 위대한 우상이 허상일 뿐이라는 사실은 미군이 이끄는 연합군과 사막의 폭풍 작전으로 증명됐다. 몰락하기 전까지 후세인의 초상화가 그려진 끝없는 광고판이 그를 군사 영웅, 『성서』 이전의 전사, 현대 민족주의자, 인민의 보호자, 현대 국가의 건축가로 다양하게 묘사했다. 정규 정치방송에서는 그의 최근 업적에 대한 찬사와 함께 그의 이름이 시간당 30~50회 언급되었다. 바그다드의 공항은 사담 국제공항으로 불렸다. 이라크 학생들은 그의 말을 암송하고, 그의 이미지가 인쇄된 티셔츠와 자판에 그의 초상화가 그려진 손목시계를 찼다. 그의 그림은 집집마다 걸려 있었을 것이다. 그는 이상적인 이라크의 인격을 보여주는 인물로서, 가능한 한 매너, 옷차림,

외모 면에서 자신과 똑같은 남성들을 모든 곳에 동행시켰다. 텔레비전에 출연한 그는 때로는 그를 둘러싼 유니폼을 입은 콧수염을 기른 남자들, 즉 찬양하는 복제인간들과 구별하기가 어려울 정도였다. 그의 정권이 보여준 과도한 행위는 사람들이 거의 초현실적 수준으로 공격자와 자신을 동일시하게 압박했다.

후세인은 몹시 불안정한 내면의 극장을 자신의 환경에 투사하여 그 누구도 신뢰할 수 없는 폭력과 권력욕이 난무하는 세계를 만들어냈다. 이 투사는 그의 과거를 청산하고, 무력감, 굴욕감, 거부감 같은 그의 오래된 감정에 대처하는 방법이었다. 그의 편집증은 비교적 과도했다. 자신을 상대로 음모를 꾸밀까 봐 그는 가장 가까운 동료들까지 제거했다. 그는 암살 시도에 대해 끊임없이 경계했다. 그는 벙커, 경호원, 음식 테스터, 대역의 세계 속에서 살아갔다.(Brooks and Horwitz, 1991, p.1) 그를 드물게 찾아오는 기자는 알몸으로 수색을 당했다. 그리고 악수할 때 옮길 수 있는 독소가 묻어 있는지 알아내거나 씻어내기 위해 푸른색 화학용액에 손을 넣어야 했다. 사용할 펜도 분해해서 숨겨져 있는 무기가 있는지 검사를 했다.

이런 권력의 남용이 어디로 이어질지, 후세인이 어떤 결말을 맞을지 예측하기는 어려웠다. 1991년 봄, 그가 선택할 수 있는 대안은 죽음이나 치욕만이 있는 것 같았다. 그는 이른바 "모든 전쟁의 어머니"에서 패배했고 여전히 그가 지배하는 나라는 깊게 분열되어 경제는 폐허가 되었다. 슬픔에 젖어 사기가 꺾인 그의 국민들은 무카브 악마muka'ab shaytan, 삼중 악마triple devil라고 공공연히 그에게 욕을 했고, 이라크 18개 주 중 열네 군데서 반란이 격렬하게 일어났다.

하지만 그는 이라크 국민들에게 큰 타격을 준 UN의 제재에도 불구하고 몇 주 지나지 않아 자신의 권위를 회복하기 시작했다. 전쟁이 끝나고 1년이 지난 후 유아 사망률은 세 배로 올라갔고, 후세인이 석유 수출에 관해 UN이 정한 조건을 받아들이지 않아 공급이 막힌 음식과 의약품은 턱없이 부족했다. 주눅이 들고 공포에 질린 이라크 국민들은 비밀경찰이 다시 나타나자 예전 같은 침묵을 강요당했다. 대통령의 거대한 초상화는 수리되어 거리에 다시 줄지어 걸렸다. 반대자들의 조직은 해체되고 분열되었다. 걸프전 이후 결국 실패한 반란에 참여한 사람들은 고문을 당했고 극도로 잔인하게 처형당했다. 서구의 예상과는 달리 후세인은 이라크에 대한 자신의 고삐를 더욱 바짝 죄고 있었다.

사막의 폭풍 작전 이후부터 후세인은 서방의 도청에 걸려 자신의 장소가 알려질지 모른다는 두려움에 전화 받기를 꺼려하며 거의 숨어서 지냈다. 그는 3주마다 내각을 바꾸곤 했다. 드물게 등장한 공개 석상에서는 20명 이상의 경호원들로부터 보호를 받았다. 그가 여행할 때는 바람잡이 역할을 할 대역이 최소한 여덟 명은 동원된다는 소문이 돌았다. 그럼에도 그의 권력은 절대적이었다. 후세인이 자국의 화학 및 핵무기 파괴를 피하려는 시도에서 보여준 벼랑 끝 전술은 능수능란했다. 그는 외부세계의 인내심을 고갈시키는 경계선에서 계속 불안정한 선동을 했지만 절대로 우쭐대거나 자만하는 실수를 범하지 않았다. 전후 복구도 서방 관측자들의 예상보다 더 빨리 진행됐다.

교량, 도로, 정유시설, 공공건물은 거의 모두 재건되었고 공공서비스는 전쟁 전의 수준으로 복구되었다. 대통령의 업적을 찬양하는 거대한 광고판들에는 "투쟁과 재건의 상징, 사담 후세인 대통령"이라는 내용이 추가됐다. 전쟁 중 완전히 소멸했다고 잘못 예측된 이라크 군대는 원래 군사력의 40퍼센트 수준까지 복구되었고 남부지방(전쟁 후 반란이 집중되었던 곳)에는 계엄령이 내려졌다. 그러나 후세인은 대량살상무기와 관련한 고양이와 쥐 게임에서 자신의 능력을 과대평가하는 실수를 했다. 결국, 미국의 강력한 군사력은 그를 권력에서 밀어냈다.

후세인은 다른 독재자들과 달리 정치 이데올로기에 이끌리지 않았다. 그의 주된 관심사는 어떤 대가를 치르더라도 권력을 잡는 것이었고, 그가 자신의 나라에 불러온 재앙에 뒤이어서도 그런 능력을 유지했다는 것은 가히 놀랍다. 과연 누가 티크리트 출신의 불쌍한 소년이 그런 길을 걸을 것이라고 예측할 수 있었을까? 역사적 순간(한 나라의 발전에 있어서 어떤 취약한 시기)과 한 사람의 성격이 서로 맞아떨어질 때 이렇게 비참한 결과를 초래할 것이라고 누가 예견할 수 있었겠는가? 만약 누군가가 도중에 그런 말을 했다면 살아남아 경고를 반복하지 못했을 것이다. 후세인의 악행과 그가 국민들에게 강요한 고통, 쿠르드족에 대한 집단학살, 경제파탄, 나라 전체에 끼친 처참한 생태적 피해는 오랫동안 사라지지 않을 유산이다.

기업 리더가 권력을 남용할 때
: 로버트 맥스웰의 경우

사담 후세인 체제 타도에 참가한 국가들의 희생자들이 증언한 것처럼, 국가적 규모의 권력 남용은 광범위하고 참혹한 결과를 가져올 수 있지만, 기업을 무대로 한 경우에는 피해 규모에 제한이 있다. 로버트 맥스웰의 죽음 이후 그의 통신산업이 드라마틱하게 붕괴하는 것을 볼 때 우리는 우선 그렇게 특별하고 복잡한 전체 조직이 구축될 수 있었다는 사실 자체에 아마 가장 크게 놀랄 것이다. 확실히, 그의 기업이 무너졌을 때, 기초가 건전하지 않았고, 모든 것이 대규모 날림공사의 한 예라고 많은 재무전문가들이 부산을 떨며 지적했다. 더 놀라운 것은, 적어도 영국 통상부 조사관들이 맥스웰을 가리켜 "공개 상장된 회사의 적절한 관리권을 행사할 수 있는 사람이 우리 의견으로는 아니다"(Bower, 1991, p.287)라고 판결한 1971년 7월 이후, 그들이 항상 같은 말을 하며 계속 그곳에 있었다는 것이다. 20년 후, 맥스웰의 부는 대체로 오래 유지될 수 없다는 것이 명백해졌다. 그의 회사들은 견고한 사업 관련 거래보다는 개인적 자산과 공적 자산으로 곡예를 부리거나 금융 거래를 통해 화려한 결과를 얻었다. 또 거의 모든 가족 자산을 사업 인수를 위해 저당을 잡혔고 은행가들을 달래기 위해 자산과 부채를 한 회사에서 다른 회사로 이리저리 옮겼다. 그리고 회사 연금 기금을 이용하여 흔들리는 제국을 지탱했고, 주식의 가치가 없음을 알면서도 융자를 위한 담보로 사용했다. 이런 폭로에 뒤

이은 분노 속에서 동일한 질문이 자꾸 반복돼서 쏟아져 나왔다. 왜 아무도 그를 막지 않았지? 그가 무슨 짓을 하는지 이해하는 사람이 아무도 없었나? 그는 어떻게 그 많은 사람들을 그렇게 오랫동안 속일 수 있었지? 왜 아무도 경고를 하거나 주의를 기울이지 않았지? 이 모든 질문들에 대한 해답은 맥스웰의 성격과 그가 자신을 위해 일하는 사람들과 주변인들에게 미친 영향력에 있다.

맥스웰에 관한 사후 폭로 사항들을 정리한, 국제 언론의 지면을 채운 다소 모욕적인 내용에는 하나의 이미지가 반복적으로 나타났다. 교활하고 살찐 거미가 잘 위장된 거대한 거미줄에 숨어 있는 모습이었다. 이 비유는 맥스웰을 사업가와 가정적인 남자 둘 다로 묘사하기 위해 사용되었고 그의 동료들과 아이들은 똑같이 피해자나 탈출자로 여겨졌다. 거미 이미지는 맥스웰의 성격 중 두드러진 특징 중 하나를 확실히 연상시키는데 이는 압도적인 지배 욕구로 설명될 수 있다. 이 욕구는 전반적으로 그의 첫 16년 동안의 삶의 환경에서 기인했다.

맥스웰은 1923년 체코슬로바키아의 농촌에서 얀 루드비크 호흐Jan Ludvik Hoch라는 이름으로 출생했다. 그가 태어난 이 지역은 "전체 유럽에서 가장 원시적이고 가난한"(Bower, 1991, p.12) 곳으로 묘사되었다. 그의 부모는 일곱 명의 자녀를 둔 정교회 유대인이었다. 그들이 살았던 지역의 궁핍 때문에 가족은 몹시 가난했지만 무척 친밀했다. 1939년 이 마을에 나치의 반유대주의가 영향을 미치기 시작하자 맥스웰의 부모는 그를 부다페스트로 보내 일자리를 찾게 했다. 그는 이후 가족 중 누구도 다시 보지 못했다. 그들은 모두 강제수용소에서

생을 마감했다.

맥스웰 자신도 헝가리에서 탈출하여 프랑스로 향했는데 그곳에서 그는 체코군과 함께 용감하게 싸우다가 영국으로 대피했다. 그는 영국군과 함께 대륙으로 돌아왔다. 종종 적진 뒤쪽에 남아 여러 가지 용감한 정보활동을 벌여 이름을 떨쳤다. 그는 정식으로 임관되어 훈장을 수여받았고 여러 가명을 사용한 후에 최종적으로 이름을 바꿨다. 그는 전쟁 후 베를린에서 영국 담당 정보 책임자가 되면서 처음 통신업계에 발을 담갔다.

이 무렵 군대와 공직에 있는 맥스웰의 상사들은 그의 비범한 능력을 알아보았다. 그는 용감하고 직관적이며 상상력이 풍부했다. 또한 아홉 개의 언어를 유창하게 구사할 수 있었다. 그의 지휘관은 그를 다른 연대로 보내면서, 추켜세우면서도 의미심장한 추천서를 보냈다. "이 남자는 성격이 아주 강하다. 잘 훈련되어 있지만 너무 많은 규칙과 제한에 둘러싸인 자리보다는 어느 정도의 선택과 이동의 자유가 주어진다면 여러 가지 이유로 훨씬 더 나은 성과를 낼 것이다."(Bower, 1991, p.26 인용) 키가 크고, 매력적이고, 무척 잘생겼으며, 야심차고, 미래에 대한 꿈으로 가득한 맥스웰은 1945년에 부유한 프랑스 비단제조업자의 딸인 엘리자베스 메이나드와 결혼했다. 그들은 자녀 아홉을 낳았고 그 중 일곱이 살아남았다. 맥스웰은 군대를 떠난 1946년부터 영국에 가정을 꾸렸다.

결혼 당시 맥스웰은 아내에게 자신이 백만장자가 되고 영국 의회의 일원이 될 것이라고 예언했다. 그리고 영국으로 돌아와 영국 시민으로 귀화한 후에 정확히 예언대로 실행하기 시작했다. 몇 번의 잘못된 시작 이후에 그는 과학 문헌과 저널에 대한 출판 위임을 받아 페르가몬 출판사를 설립했다. 다소 흥미가 떨어졌지만 탄탄했던 이 출판사는 맥스웰이 다방면의 통신회사들을 인수하기 시작하고 죽을 때까지 마구잡이로 쌓아올린, 세계적인 미디어 제국을 탄생시킨 밑바탕이 되었다. 그 과정에서 그는 자신의 다른 야망을 성취했다. 노동당 소속 의원이 되어 자본주의자와 사회주의자를 오가는 모순되지만 행복한 삶을 살았다. 그는 자신이 대표하는 정당을 지지하는 노동조합을 향해 굽히지 않는 적대감으로 일관했고 자신의 회사 노조와도 끊임없이 불화를 겪었다.

하원의원으로서도 사업가로서도 맥스웰은 좌절과 실패에 당황하지 않았다. 어디에든 넘어지지 않고 착지하는 능력은 "탄력의 체코인"이라는 별명을 그에게 영원히 남겼다. 이 능력은 그가 페르가몬의 일부 경영 지분을 매각 처리하는 과정에 대한 1971년 통상부 조사에 응하면서 가장 인상적으로 증명되었다. 맥스웰은 이 보고서를 "중상모략과 마녀사냥"(Bower, 1991, p.287)이라고 맹렬히 비난했다. 그리고 통상부의 평결을 뒤집기 위해 소송으로 눈을 돌렸다. 소송은 꾸준히 유지되었다. 하지만 "그 이후, 그는 통상부의 고발을 뒤집기 위해 법원을 통해 성공적으로 싸웠다고 주장했다. 그것은 진실이 아니다. 그렇지만 그의 집요하고 잘못된 주장을 이해하는 것은 맥스웰의 내면적 딜레마와 그가 필사적으로 성공하고자 했던 영국의 환경 모두를 설명하는 데 도움이 된다."(Bower, 1991, p.287) 고발장은 다음과 같이 비난하고 있다.

> (맥스웰은) 대단한 에너지와 추진력, 상상력을 가진 사람이지만 불행하게도 자신의 능력에 관한 지나친 집착으로 인해 자신의 생각과 양립할 수 없는 타인의 의견은 무시한다. …… 동료 이사들, 전문적인 조언자들이나 그의 직원들도 모두 그의 생각이나 행동에 영향을 줄 수 없다. 정책을 책임지는 위원회의 개념은 그에게는 이질적으로 느껴질 뿐이다. …… 그는 무모하고 근거가 없는 낙관주의를 가졌는데 그로 인해 어떤 경우에는 받아들이기 어려운 사실은 무시해버린다. 그리고 다른 사람에게 자신조차도 분명 사실이 아니라는 것을 알고 있었을 내용을 말하게 만든다.(Bower, 1991, p.286 인용)

이런 고발 내용은 정확했다. 조사관들은 맥스웰의 비범한 능력은 인정했지만 그들이 지금까지 잘못 적용했던 방법들을 집요하게 분석했다. 그를 진실과 신중함을 대가로 자신의 나르시시즘적 욕구를 만족시키는, 현실과 동떨어진 조직의 폭군으로 묘사했다. 그럼에도 그 보고서는 맥스웰을 막지 못했다. 그 후, 그의 목표는 자신이 관심 있는 모든 회사의 51퍼센트 지배권을 확보하고, 그 결과로, 어떤 이사회도 자신에게 설명을 요구할 수 없게 만드는 것이었다. 이사회에는 그가 재계와 정치계에서 끌어들인 많은 유명인사들이 있었는데 그들은 회사와 투자자의 이익을 보호하는 데 관심을 쏟았어야만 했다.

20년 후에 "근거가 없는 낙관주의", 거짓말, 비밀, 과대망상증 등이 마침내 드러났다. 그것들은 어떻게 그렇게 오랫동안 드러나지 않을 수 있었을까? 1980년대의 호황, 1970년대 "영국의 환경", 맥스웰의 밀어붙이는 매력, 자신의 고충을 털어놓고 호의를 얻어내는 능력 등에 원인을 돌리는 것은 너무 편리한 선택일까? 1991년이 되자 맥스웰은 영국, 미국, 프랑스, 이스라엘, 동유럽에 회사를 소유했다. 그 어느 회사도 그의 죽음이라는 재앙을 피해갈 수 없었다. 대부분이 무너졌고 모두에게 이는 놀라움이었다. 어떻게 이런 거대한 사기가 가능했을까?

기업가로서 맥스웰은 1945년에 그의 지휘관이 인정했던 것처럼 권위에 대한 자신의 양면성향을 보여주었다. 자신을 향한 규칙과 제약에는 화를 내면서도 타인에게 이를 강요할 때는 폭군의 모습을 보였다. 그는 자신 주변의 모든 사람과 모든 것을 통제해야 했다. 그의 가족, 직원, 환경이 여기에 포함되었다. 그의 통제 욕구는 보안 관련 처리방식에서도 드러났다. 전화기에는 도청장치를 달았고 문에는 암호화된 자물쇠가 장착됐다. 그가 직접 직원들에게 장광설을 늘어놓을 수 있는 마이크 시스템이 설치되었다. 영국인쇄공사를 인수할 때는 "단 한 푼의 지출까지 조사하는 전례 없는 감사 시스템을 도입했다. 오직 맥스웰만이 새 차의 구입을 허용하거나 임시비서의 고용을 허가하고 500파운드가 넘는 수표에 서명할 수 있었다."(Bower, 1991, p.346) 그에게 권력은 말 그대로 음식과 음료였다. 중역 회의실에서 식사를 할 때, 맥스웰은 변함없이 제일 먼저 가장 많은 식사를 했다. 노조대표와 맥주와 샌드위치를 나누는 점심식사든 바다가재에 샴페

인을 곁들인 이사진과의 여흥자리든 모두 동일했다.

통신업체를 통해 부를 이룬 이 남자의 궁극적인 아이러니는 그만의 강박적인 비밀주의였다. 맥스웰 제국의 전임 최고경영자였던 피터 제이는 이렇게 말한 적이 있다. "모든 것이 '알아야 할 필요가 있는지' 원칙에 따라 돌아갔다. 만약 당신이 알아야 할 필요가 있다면 그에 관한 정보는 당신에게 제공되지 않는다."(Cohen, 1991, p.11 인용) 맥스웰 신문사의 전임 인사담당 이사였던 돈 우드는 그 말에 같은 의견을 보였다. 맥스웰은 선택적으로 사람에게 공포를 주거나 유혹할 수 있는 자신의 재능과 비밀주의를 결합했다. 아마도 다른 어떤 요인보다도 이 결합이 그가 어떻게 원래는 존경을 받을 만한 사람들을 거의 강제로 끌어들여 그렇게 오랫동안 사기행위를 지속할 수 있었는지를 설명해준다. 맥스웰의 성마른 기질은 전설적이었다. 그의 돈키호테 같은 행동에 대해 출처가 불분명한 루머들이 신문사 세계 내부에 떠돌았다. 그가 지배하는 기업 내부의 두려움과 공포 분위기를 키우는 데 그 루머들이 많은 역할을 한 것도 사실일 것이다. 그는 마침내 공항에서 자신을 마중 나오지 않은 아들 이안을 해고한 적도 있었다. 우드는 맥스웰의 경영 스타일에 대해 《데일리 미러》지에 다음과 같이 묘사했다.

> 나는 오전 7시 30분 또는 8시의 이른 아침 회의를 보고하러 갔다. 케빈(맥스웰의 막내아들)은 종종 그 자리에서 그날치의 매를 맞곤 했다. 그는 매 말고도 다른 방법이 있다는 것을 알아내려고 하지 않았다. ……

> 맥스웰은 전지전능한 권력을 염두에 뒀다. 우리는 병사였다. 우리는 명령을 받았고 이를 수행해야만 했다.
>
> 맥스웰은 자신이 원하는 것을 얻기 위해 공포와 매력을 이용했다. 일일 브리핑의 분위기는 참담했다. 한번은 케빈이 위축되다 못해 눈물을 흘리는 모습을 목격했고, 다른 한번은 너무 두려워하며 자신의 아버지에게서 어떤 내용을 좀 알아내달라고 내게 간청을 했다.(Gillie, 1991, p.17 인용)

아마도 자신만의 고집스럽고 냉정한 방식을 고수하는 사례로서, 맥스웰은 아들을 다른 사람 앞에서 혹독하게 벌주는 데는 아무런 거리낌이 없었지만, 고참 이사진을 다루는 그의 기술은 좀 더 정교했다. "한 미국 은행가는 맥스웰 소유 공개 기업의 전임 최고 임원과 책임자로부터 그들이 종종 오로지 서명할 빈칸만 들어 있는 서류를 받곤 했다는 말을 들었다고 말했다. 그들은 자신이 승인해야 할 거래의 내용을 알 수 없었다. 그 임원은 맥스웰이 급여를 후하게 지불했기 때문에 맥스웰의 명령대로만 움직이는 것과 회사를 떠나는 것 사이에서 선택을 하지 못하고 고통을 받았다고 이야기했다.(Wells, Bray, and Reilly, 1991, p.3)

많은 사람들이 떠나갔다. 그렇다면 남아 있는 사람들은 어떻게 됐을까? 맥스웰의 공격에 겁을 먹고, 그의 비밀주의에 억눌린 채 그가 제공하는 보상과 인센티브에 이끌려 굴복하고 침묵을 지킨 자들만이 맥스웰의 조직에서 살아남았다. 그의 거친 행동에 기인한 무력감은 맥스웰의 폭압적 경영방식이 강화되는 데 기여했다. 맥스웰의 기업

문화는 강요된 무지와 묵인을 통해 공격자와의 결탁을 조장했다. 그 과정은 그의 가족 내부에서도 병행해 이루어졌다. 생존한 자녀 일곱 명 중 나이순으로 네 명이 맥스웰의 사업에 참가했고, 자유를 얻은 뒤에는 아버지와는 매우 다른 삶을 살았다. 그가 자녀들에게 심어준 애정과 의리에 대해서는 의문의 여지가 없다. 하지만 가정은 훈련소였다. 자녀들의 성공에 대한 갈망으로 맥스웰은 자식들에게서 자신의 성격과 닮은 점들을 하나도 남기지 않고 제거하기로 결심한 것처럼 보였다. 그들은 그만의 철학인 "세 가지 C 원칙(숙고consideration, 집중concentration, 간결conciseness)"(Bower, 1991, p.115)에 따라 훈련되었다. "예의를 보이고, 공손한 어조로 이야기를 하며, 규칙을 성실히 따르는 것은 정확히 아버지 맥스웰이 확고하고 당당하게 거부했던 자세였다. 그런데도 그는 직원과 가족들에게서는 그런 자질을 기대했다. 심리학자들은 자신의 성격과 정반대의 모습을 타인에게 요구하는 독특한 성향을 '투사적 동일시Projective Identification'라고 표현한다. 누군가는 맥스웰이 자기 성격의 일면을 무의식적으로 싫어했으며 타인에게서 그런 면을 느낄 때는 폭력적으로 반응했다고 생각할 수도 있다. 그는 자녀들 사이에서 자신의 성격이 나타나는 것을 미연에 방지하려 했다."(Bower, 1991, p.115)

맥스웰이 어떤 의식적 혹은 무의식적 동기로 양육을 했든지 간에 세 명의 아이들, 케빈, 이안, 지스레인은 그가 삶을 마감할 때까지 긴밀하게 함께 일했다. 심지어 그가 떨어져 죽은 요트에는 딸 지스레인의 이름이 붙어져 있었다.

그들과 아버지와의 관계가 쉽지는 않았다. 이안과 케빈은 모두 의견 불일치 끝에 한때 아버지의 사업을 떠났지만 다시 설득당해 돌아왔다. 그들은 비록 맥스웰과 논쟁하는 것을 두려워하지는 않았지만 자신들이 부모와 고용주라는 이중적 연결고리를 이용하는 폭압적인 요구에 대처해야 한다는 사실을 알고 있었다. "잘생기고 외향적인 이안은 마케팅과 판매를 전문으로 담당하는 쇼맨으로서의 아버지의 능력을 떠맡았다. 그는 심지어 유행에 어울리지도 않는, 그의 아버지가 선호하는 화려한 색깔의 나비넥타이까지 착용했다. 그는 그의 아버지가 따라 하기 불가능한 역할을 보여주지만 여러 가지 면에서 모방할 만한 기막힌 모범이라고 말한 적이 있다. 처음에 그 역할은 그에게 어려웠지만 그는 점점 나아졌다. …… 이안은……, 주춤거리기는 했지만 어떻게든 15시간의 하루를 미소를 지으며 견뎌냈다."(Gillie, 1991)

케빈의 행동은 달랐다. 그에게는 공격자와의 동일시 과정이 넥타이 선택의 수준을 넘어섰다. 그는 아버지의 경영에 이안보다 훨씬 더 밀접하게 관여했다. 숫자에 대한 아버지의 소질과 비슷한 무자비함과 기업가적 재능으로 그는 맥스웰의 위험한 제국 건설에 함께 중독되어갔다. 아버지의 65세 생일에 대한 헌사로 그는 이렇게 말했다. "무엇보다, 아버지는 수십 개의 가능성이 공중에 떠다니는 흥분감과 그 중 몇 개가 제대로 성공하는 광경을 목격하는 짜릿함을 주셨습니다."(Gillie, 1991 인용) 아버지의 죽음 이후에도 이안과 케빈 맥스웰은 그의 술책에서 벗어날 수 없었다. 그의 행동이 남긴 책임은 아버지의 죽음이라는 슬픔으로 가중될 뿐이었다. 그의 존재가 주던 보호망은 이제 사라졌다. 그리고 의회조사와 아마도 법원까지, 외로이 마주해야 할 가능성이 컸다. 맥스웰은 이렇게 말한 적이 있다. "내 아이들은 내가 벌어들인 부를 한 푼도 상속받지 못할 것이다."(Thompson and Delano, 1988 인용) 그것은 몇 안 되는 그의 솔직한 예언 중 하나가 된 것 같다.

맥스웰의 이야기는, 제국의 멸망이라는 구경거리와 산산조각 난 가족의 초상과 별도로 우리에게 무엇을 남겼을까? 그의 죽음 후에 많은 목소리가 이렇게 말했다. "내가 말했잖아." 많은 사람들이 그런 기념비적인 인물도 이렇게 수치스러운 종말을 맞아야 한다는 사실에 만족감을 간신히 숨겼다. 하지만 맥스웰의 직원과 투자자들은 그들의 리더보다 더욱 실망해야 했다. 맥스웰이 도용한 연금 기금의 감독관들은 충분히 주의를 기울이지 못했다. 그 도시의 은행가, 주식중개인, 투자분석가 들은 대응을 하는 데 실패했다. 맥스웰의 수많은 회사의 이사진은, 어떤 이유에서든지 —공포, 어리석음, 무지, 탐욕— 한 번도 제대로 기능하지 못했다. 관련된 많은 회계법인들은 그의 이중장부를 발견해내지 못했다. 소송을 일삼던 맥스웰의 평판은 모두가 인정하듯이 상황에 도움이 되지 않았다. 많은 평론가들은 그가 영국의 엄격한 명예훼손법을 철저하게 활용하는 동안 침묵을 지키고 말았다. 언론은 이제 그와 같은 인물을 경계하는 법을 배웠다. 그리고 그가 언론 산업의 주요 고용주였다는 사실을 잊어서는 안 된다.

결국 그렇게 많은 사람들이 자신들의 황제가 벌거벗고 행진한다는 사실을 인정하는 데 실패했음에도 불구하고, 책임감의 무게는 맥스웰 자신이 짊어져야 한다. 그는 자기자신을 견제할 능력이 없었고 다른 이들의 목소리가 들리는 그리고 들을 수 있는 그런 환경을 만드는 데 실패했다. 만약 성공했다면 그는 더 행복한 남자가 됐을 것이다. 통제 욕구에 그렇게 집착하지 않고, 덜 쫓겨 다니고, 눈부신 성공과 동등하게 엄청난 실패 사이에서 끊임없이 비틀거리지도 않고, 극단적 삶으로 몰리지도 않으며, 세상을 흑백을 기준으로만 바라보지도 않고, 모든 사람을 자기편, 상대편 둘 중의 하나로 여기며 살지도 않았을 것이다.

그렇지만 이건 모두 추측일 뿐이다. 다르게 행동하는 것은 그의 성격이 아니었다. 그가 자라난 배경은 그에게 다른 행동을 가르칠 수가 없었다. 드와이트 아이젠하워 장군은 이렇게 말한 적이 있다. “사람들 머리를 때려가며 이끌 수는 없다. 그건 폭력이지 리더십이 아니다.” 하지만 맥스웰은 쫓겨난 생존자였다. 그리고 삶에 대한 정면공격은 그가 자연스럽게 발견한 유일한 출입구였을지도 모른다.

자비로운 폭군

맥스웰의 행동 대부분은 기업가정신의 어두운 면을 보여줬다. 힘의 원천이었고 성공의 뿌리였던 그 특징은 도를 넘어섰고 결국 몰락으로 이끌었다. 성공을 위한 동기는 공격성으로 대체되었다. 영감은 억압으로 바뀌었으며 감탄은 공포로, 자신감은 초조함으로, 혁신은 길들여진 묵인 속으로 가라앉았다. 그 결과는 맥스웰의 제국에 퍼져나가는 질병에 대항할 수 있는 항체가 사라진 조직의 탄생이었다.

그러나 그 기업가적 에너지가 잘 적용되기만 하면 그로 인해 생겨나는 창의성의 수준은 그 무엇과도 비교할 수 없다. 공격자가 굳건하게 기반을 잡고 있는 경우 어떤 환경에서는 공격자와 동일시하는 과정에서 영감을 받고 능력이 생겨난다. 심지어 그 과정이 우스꽝스러운 모방의 형태여서 외부에서 볼 때 건강해 보이지 않을 때도 마찬가지다.

> 암스트래드 이사실에서는 이상한 일이 벌어지고 있었다. 몇 명의 임원들이 수염을 길렀다. 완전히 기르지는 않고, 에스닉 스타일로 덥수룩한 모양이 마치 그 회사의 회장인 앨런 슈가처럼 보이게 했다. 어떤 각도에서는 너무 비슷하게 닮아서 그들은 마치 복제인간들처럼 보였다.
> "당신이 그 말을 할 줄 알았어요." 앨런과 24년을 함께 보낸 그의 아내 앤 슈가는 말했다. "저기 턱수염들이 많은데, 처음에 합류할 때는 분명 다들 수염을 기르지 않았을 거예요." 슈가 부인의 말투에는 체념이 배어 있었다. 그녀는 확실히 남편을 영웅처럼 숭배하는 사람들을 친구나 동료로 두는 데 익숙해진 것 같았다.(Leonard, 1992)

후세인과 맥스웰처럼 앨런 슈가도 무일푼에서 시작해 자수성가한 배경을 가졌다. 그는 네 명의 아이들 중 막내로 런던 시의회 동부에서 자랐고, 열두 살 때부터 아침 일찍 일어나 동네 청과물가게를 위해 사탕무를 끓이며 돈을 벌었다. 열여섯 살이 되었을 때는 방과 후 저녁과 주말까지 일하면서 그의 아버지가 일주일 동안 버는 돈보다 더 많이 벌었다. 그는 21세 때 암스트래드를 창업해 1980년대 초 정보기술의 신기함에 막 눈뜨고 있던 대중에게 기본적이고 저렴한 컴퓨터와 소프트웨어를 팔아 재산을 모았다. 40세에 그는 영국에서 15번째 부자가 되었다. 1987년 주식시장의 붕괴로 자신의 재산이 3분의 2 이상 줄어들었을 때 그는 철학적 자세를 유지했다. "기본적으로 주식이었고, 나는 항상 이를 완전히 무시해왔다. 기분은 좋겠지만 직접 손에 들고 있는 것은 아니므로 별로 상관이 없다." 그리고 줄어들지 않는 에너지로 계속 일했다.

1992년 2월《타임스》에 흔치 않은 슈가의 인터뷰 기사가 실렸다. 캐롤 레너드는 여기서 로버트 맥스웰의 많은 특징들을 떠올리게 만드는 인물 분석을 했다. 물론, 이것이 성공한 기업가의 전형적인 특성인지에 대해서는 논란의 여지가 있다. 그녀의 분석에서 레너드는 슈가의 전설적인 성마른 성격("내 인내심에 대해 여기 있는 누군가에게 물어보면 모두 웃고 말 것이다")에 대해 논한다. 모든 일을 흑백으로 나눠 보는 그의 성향("그는 결코 오해의 여지를 허락하지 않는다. 어떤 사람들은 이를 우물 안 개구리라고 부를 수도 있다. 좌우를 돌아보지 못하고 3차원적 시각이 부족하다고 말할 수 있다")과 그의 통제 욕구, 이기심("아내는 무엇을 위해 그렇게 죽을 고생을 하느냐고 내게 계속 물어본다. 그녀는 아무도 고마워하지 않을 거라고 이야기한다. …… 나는 자아 때문이라고 생각한다. 내가 33퍼센트의 지분밖에 가지고 있지 않지만 이 회사는 내 것이다. 저기 위에 내 이름의 이니셜이 걸려 있다. 그리고 저 이니셜은 영원히 걸려 있을 것이다")에 대해 묘사한다. 그러나 그녀는 그의 정직성, 개방성, 접근성에 대해서도 같은 강도로 강조한다. "당신이 회사 대표번호로 전화를 걸어 그를 요청하면 대개는 그가 직접 전화를 받을 것이다."

1980년대 후반에 암스트래드는 수많은 어려움에 직면했다. 회사의 회장은 약삭빠른 행위와 사기행위의 경계선에서 이뤄지는 것처럼 보이는 인수합병과 회사정책으로 인해 정직하지 못하다는 비난에 직면했다. 아마도 슈가를 직접 건드린, 스캔들에 가장 가까운 일은 토트넘 핫스퍼 축구팀 매입이었다. 그는 구단 회장직을 맡았다. 그 위치에서 슈가는 새로 만들어진 축구 리그에 대한 생중계 권리를 위성방송국 BSkyB에게 주는 계약에 대한 결정적인 투표권이 있었다. 암스트래드는 BSkyB를 대신해 위성접시를 팔곤 했는데, BSkyB가 경쟁 방송국인 ITV에 입찰가에서 밀릴 것으로 보이자, 슈가는 BSkyB에게 입찰가를 높이라고 주의를 줬다. ITV 대표의 공청회 기간에 BSkyB에게 전화를 건 것은 슈가의 개방성, 달리 말하면 어리석음을 입증한 것이었다. 슈가는 뒤따른 항의와 비난의 폭풍우를 무사히 헤쳐 나갔다. "슈가는 자신의 표리부동한 이중거래에 대해 아무런 문제점이 없다고 생각했다. 이건 분명히 제시 가격이 공개되지 않는 형식의 공정한 경매가 아니었다. 몇 달에 걸쳐 양 당사자는 상대방보다 더 높을 가격을 부를 수 있는 기회가 수없이 주어졌기 때문이다. 슈가의 관점에서 이는 마지막까지 어떤 수단을 써도 상관없는 싸움이었고 자신이 부당한 행위를 했다고 비난받을 수는 없다고 생각했다."("Alan Sugar's Professional Foul," 1992)

이런 자세가 냉정하다는 비판을 받을 수는 있지만, 적어도 슈가 자신의 단호한 단순명쾌함에 의해 일정 부분 누그러진다. 1992년의 참담한 실패 뒤에 그는 주주들에게 보낸, 오랫동안 기다려온 암스트래드 지분 재매각 시도와 관련한 편지에서 다시 그의 단순명쾌한 태도를 보여줬다.

> 우리는 국제무역, 재고 관리, 인수절차, 제조에 경험이 없는 경영진에 의해 운영되는 조직을 만들었습니다. 이에 대해서는 내가 상당한 몫의 책임을 져야만 합니다…….
> 1989년 암스트래드는 생산제품이 더 이상 필요한 경쟁력을 갖추지 못했다는 냉엄한 현실에 부닥쳤습니다. 암스트래드는 1970년대 후반에 우리가 조롱하던 회사들과 같은 상황에 빠졌습니다. 높은 간접비용으로 경쟁업체와 차별성이 없는 제품을 생산하는 점점 더 부진한 회사가 되어가고 있습니다.(Bennett, 1992, p.27)

회사에 대한 그의 재구매 제안은 주주와 비평가들에게 자기 잇속만 차리는 사려 깊지 못한 행동이라고 신랄한 비판을 받았다. 하지만 슈가는 완고하고 단호하게 자신의 견해를 고수했다. "상식이 승리해야 한다고 생각하지 않습니까? 솔직히 저와 같이 높은 인지도를 가진 사람이 부정확하고 부당한 방식으로 무언가를 하는 것이 허용될 거라고 생각합니까? 수많은 내부자 거래 사건에 더하여 빅뱅과 기네스, 블루 애로우, 폴리 펙의 스캔들 이후 변호사, 은행가, 고문역들은 너무 신중해져서 매각 제의는 고사하고 나 같은 사람이 차 한 잔 나눌 기회를 얻는 것조차 하늘의 별따기가 됐습니다."(letter to the London Times, November 16, 1992)

로버트 맥스웰과 앨런 슈가의 성공과 실패 사이에 유사점이 있다면, 그러한 유사점들은 비슷한 문제에 대한 그들의 다른 대응을 강조할 뿐이다. 정직과 부정직, 빈틈없는 실행과 비뚤어진 거래, 자신의 행동에 대한 책임을 기꺼이 받아들이려는 의지와 합리적인 계산을 받아들이려 하지 않는 거부 사이의 차이점이다. 회사를 구하려는 슈가의 시도는 인기가 없거나 터무니없었지만, 그의 강경한 접근 자세는 아침 나절 움직이는 요트 후미에서 순식간에 일어난 수수께끼 같은 실종 사건보다는 아마도 더 받아들일 만했다.

무엇보다도 1992년 2월의 《타임스》 기사는 빠르고 놀라운 성공을 거두는 세월 동안 현실을 고수하고 자신의 감각을 유지해온 한 남자의 초상화다. 그는 자신을 '지구상에 아주 깊숙이'라고 묘사한다.

> 그는 돈이 머릿속으로 들어가게 내버려두는 사람들을 많이 봐왔다고 말했다. "그리고 그들은 다른 사람이 된다. 상류층에 자신을 억지로 끼워 넣으려 한다. 나는 그런 식으로 행동하지 않았다." ……
> 슈가는 항상 잔인할 정도로 정직했다. 그는 단도직입적인 질문에 단도직입적으로 대답한다. …… 그는 자신의 결점을 알고 있지만 이를 고치려

하지는 않는다. 상세하게 들어가면 어깨를 으쓱하며 싫은 기색을 한다. …… 그는 불손하고 무례하며 지나치게 공격적이다. 폭발적인 기질로 욕설을 내뱉는다. 겁쟁이를 싫어하고 강한 사람을 곁에 둔다. 동시에, 그와 가장 가까운 곳에서 일하는 사람들은 분명 그를 아주 좋아한다. 그의 옆에서 일하면서 활기를 얻는다. 또 그가 아주 양심적이고 공평하고 뒤끝이 없다고 말한다. 그의 경영 스타일을 "자비로운 폭군"이라고 묘사한다.(Leonard, 1992)

그렇게 많은 악마들 이후에 천사에 더 가까운 누군가의 이야기로 이번 장을 끝내게 되어 다행이다. 앨런 슈가는 여전히 효율적인 기업 리더의 모범으로 서 있다. 슈가 같은 사람들의 희귀성은 그들의 가치에 소중함을 더하고, 권력의 본질이 갖는 이중성인 생산적 사용과 남용 사이에서 찾아야만 하는 미세한 균형, 즉 영감을 주는 리더와 억압적인 폭군을 구분하는 얇은 경계를 주목해야 한다.

결론

Leaders, Fools and Impostors

리더십과 권력을 어떻게 관리할 것인가

세상에서 가장 힘센 남자는
혼자 설 수 있는 남자다.

_헨릭 입센, 『민중의 적(An Enemy of the People)』

이 책은 리더십과 동기부여의 문제가 그 어느 때보다 중요하다는 지적에 대한 대응으로 쓰였다. 이는 점점 더 조직의 생존에 필수 요소가 되고 있으며, 앞으로 조직의 장점을 올바르게 활용하기 위해 이러한 문제의 중요성을 인식하는 것은 리더의 몫이 될 것이다. 리더들은 일종의 에너지 관리 사업을 하고 있다고 말할 수 있다. 그들의 일차적인 과제는 조직에 널리 퍼져 있는 에너지를 공동의 목표를 향하도록 만드는 가장 효과적인 방법을 찾는 것이다. 내부의 무대를 벗어나서 외부환경과 조화를 이루는 미래의 비전을 만들어내는 것 이상의 역할을 해야 한다. 또한 추종자의 기존 공격적 에너지를 외부로 돌림으로써 비전을 분명히 하고 이를 나누어 실행해야만 한다. 조직 내부적인 영역싸움과 정치게임에 이 에너지가 소멸되지 않는 환경을 만들어야 한다. 조직 내부의 사람들은 공동의 적과 경쟁하고 싸우도록 자극받아야 한다. 리더는 당면한 과제에 조직이 초점을 맞출 수 있도록 해야 한다. 동시에 감정적 에너지는 내부를 향해 발산되어야 한다. 추종자들은 동기부여를 받아야 하고 힘을 얻어야 한다. 의견을 나누고 역발상을 할 수 있게 격려되어야 한다. 마지막으로, 그렇지만 앞에 언급한 부분들 못지않게 중요한 점은 조직 내부에서 즐겁게 지내야 한다는 것이다. 사람들은 재미를 찾을 수 있어야 한다.

자연히 이런 조직문화는 리더와 추종자 사이에 존재하는 일종의 심리적 계약에 많이 의존할 것이다. 효과적인 에너지 관리 없이는 적절한 심리적 계약이 이뤄지기 힘들다. 그리고 이런 계약이 이뤄지지 않으면 신뢰의 상실로 이어진다. 신뢰는 조직의 기능과 안녕을 위한 필수 요소다. 왜냐하면 큰 조직 내에서는 편집증의 유령이 추악한 머리를 언제라도 치켜들 수 있기 때문에 어떤 리더에게도 본질적인 과제는 이런 파괴적인 요소들을 관리하고 무효화하는 방법을 찾는 것이다. 신뢰는 리더가 의사소통, 지원, 존중, 공정성, 신뢰성, 경쟁력, 일관성을 지켜가느냐에 달려 있다. 리더가 이런 말의 의미를 이해하려면 추종자가 되는 것이 무엇을 의미하는지, 그 위치에 머문다는 것이 어떤 느낌인지를 깨닫는 것이 중요하다. 리더는 공감능력과 창의적인 자기분석 능력을 겸비해야 한다. 그러나 이러한 요건들은 리더 개인의 심리적 균형감에 따라 충족될 수도 그렇지 않을 수도 있다.

리더십: 균형 잡는 행위

리더의 반응이 균형을 잃거나 리더가 비이성적으로 행동할 때가 주의와 관심을 기울여야 할 시점이다. 다음의 목록은 결코 완전하지는 않지만 상당히 많은 위험신호를 확인할 수 있게 도와준다.

- 리더의 시각에 현실성이 결여됐는가?
- 리더가 항상 다른 사람의 잘못을 찾는가?
- 리더가 자신의 실수에 따른 개인적 책임을 인정하지 않는가?
- 리더가 조직의 추종자들이 자신에 대한 찬성과 반대 진영으로만 나뉘어져 있다고 생각하는가?
- 나쁜 뉴스에 대한 리더의 부정적 반응 때문에 추종자들이 자기검열을 스스로 강제하는가? 예스맨들만 조직 내에서 승진하는가?
- 리더가 모든 결정을 직접 내리기를 원하는가?
- 항상 자기 자랑을 하는가?
- 끊임없이 세상의 주목을 받기를 원하는가?
- 자신의 대중적 이미지에 집착하는가?
- 의심과 불신이 조직에 스며들었는가?
- 리더가 일상적 행위에 전혀 참여하지 않는가?
- 만나기가 점점 어려워지는가?
- 외적 성공의 상징이나 다른 특혜에 너무 많은 관심을 기울이는가?

- 리더십 승계 계획을 거부하고 있는가?

만약 위의 질문들에 대해 네댓 개 이상 '예'라는 대답이 나온다면 그 조직에는 분명 걱정할 이유가 존재한다. 리더의 정신건강이 균형을 잃었을 가능성이 크다.

균형 잡힌 사람이 되려면 무엇이 필요할까? 오래전에 프로이트에게 이 질문이 제시되었는데, 그는 "정상적인" 사람은 사랑과 일lieben und arbeiten을 위한 능력을 가진 사람이라는 유명한 말을 했다.([1930] 1961) 프로이트는 감정적 그리고 사회적 맥락에서 타인과 관계를 맺을 수 있는 능력을 이야기한다. 타인에게 도움을 주는 직업에 종사하는 전문가들이 프로이트의 정의를 더 정교하게 만들려고 노력했다. 예를 들어, 심리분석학자 루벤 파인(1977)은 "인간은 미움보다는 사랑을 하면 행복을 찾을 수 있다. 성적 만족과 즐거움을 누리고, 삶을 느낄 수 있다. 거기에 더해 이성의 안내를 받고 가족 내에서 적절한 역할을 하며 정체성, 일에 대한 감각이 창의적일 때, 사회질서 내에서 역할을 가지고 서로 소통할 수 있고 정신과적 증상에서 이성적으로 자유로울 때 행복할 수 있다"(p.18)라고 주장했다.

누군가는 파인이 다소 유토피아적인 견해를 가지고 있다고 주장할지 모르지만 그의 관찰은 진실처럼 들린다. 많은 사람들이 그가 이야기한 이상적 상태에 도달하지 못하는 데는 여러 가지 요인이 작용한 탓일 것이다. 예를 들어, 모든 개인은 자신의 자아에 대한 안정적이고 호의적인 관념을 유지하기 위해 많은 방어책을 세운다. 이러한 방어책들은 용납할 수 없고 갈등을 야기한다고 여겨지는 자극이나 감정을 통제하는 데 이용된다. 개인의 심리적 평형상태가 취약할수록 변화와 적응에 대한 방어장벽은 견고해진다. 그러한 경우 많은 시간과 노력이 그 결과로 생겨난 자세, 감정, 능력 및 기대를 수정하는 데 쓰인다.

개인의 정신건강과 대처 및 적응능력은 사용되는 방어책의 종류에 의해 결정된다. 나누기(세상과 그 안의 사람들을 좋거나 나쁘거나 둘 중 하나로 바라보기), 이상화(타인을 과대평가하기), 투사(자신 내부에서 받아들이지 못하는 것을 타인에게 돌리기), 그리고 부정 같은 원시적인 방어책에 의지할수록 적응능력에 문제가 더 많아진다는 것을 우리는 안다.(Kernberg, 1975; Paolino, 1981; Millon, 1996) 그런 방어책을 사용한다는 것은 자신의 위치에 따른 사고방식의 문제를 지나치게 단순화하는 경향과 개인적 책임을 드러내야 할 필요성을 보여준다.

정신적 균형에 대한 또 다른 기준은 정체성의 안정도인데, 이는 사람이 가진 안정된 자기감의 크기다.(Erikson, 1959) 완전한 정체성이 결여되면 비현실성, 소외, 곤혹, 불안, 공허 등의 뚜렷한 감정이 생겨난다. 모순된 자아상이나 열망에 따라 나타나는 결과는 영향을 받은 사람들이 다른 사람들과 비교해서 자신을 "완전한" 인간으로 인식하기 어렵게 만든다는 것이다. 자아와 타인의 이미지 사이의 불분명한 구분은 경계감을 흐리게 만드는 원인이다. 이와는 대조적으로 강한 정체성은 개인이 자신의 모습에 대해 좋은 기분을 느끼게 해준다. 즉 감정적, 생리적 내면과 외부세계 사이의 효율적 균형상태를 이룬다.

환상과 사실, 내적 현실과 외적 현실을 구분하는 능력이 스트레스를 받는 상황에서 행동, 판단, 감정이 어느 정도 손상될 수 있는지를 결정한다. 현실 검증 능력은 개인의 인지 과정이 얼마나 잘 완성되어 있는지 아니면 그 사람의 사고 과정이 순전한 소망 충족을 위해서만 제한되어 있는지를 보여준다.

이런 넓은 범주를 떠나서 보다 적은 수의 특정 약점들이 개별적 적응을 방해할 수도 있다. 이런 약점들 중 하나가 스트레스 받는 상황에 대응하는 방법을 갖추지 못한, 불안 내성의 결여다. 불안 내성과 밀접하게 관련된 것이 충동 조절이다. 불안 증가 또는 특정 욕구의 자극이 예측할 수 없고 변덕스러운 충동적 행동으로 이어지는가? 아니면 이런 상황에서 자신과 환경에 대한 통제력을 잃지 않기 위한 충분한 수단을 동원할 수 있는가? 상실, 좌절, 슬픔, 거부, 실망에 이어지는 우울증을 견딜 수 있는 개인의 능력은 무엇인가? 파괴적이고 퇴행적인 행동에 의지하지 않고 이런 감정들에 대처할 수 있는가? 우리는 또한 여기서 개인이 얼마나 잘 승화 경로를 작동하는지, 즉 삶과 일터의 모든 영역에서 최대한의 성취와 즐거움을 만들어내기 위해 무슨 수단들을 가지고 있는지를 고려할 수 있다. 지성과 이런 상황에 대처할 수 있는 기술은 중요하다. 개인이 자신의 생각과 감정을 표현할 수 있는 심적 편안함과 생각, 감정, 행동의 관계를 인식하는 능력, 그리고 배우려는 욕구가 모두 중요하다. 교육 및 사회문화적 환경은 여기서 핵심 역할을 한다.

사람들이 주변환경에 대처할 수 있는 정도는 대인관계의 질, 안전한 자기감의 소유, 자신의 한계에 대한 수용, 그리고 현실 검증의 능력과 밀접하게 연관되어 있다. 이러한 자질들을 다른 이들보다 더 많이 소유한 사람들은 리더십의 우여곡절을 다루기가 더 쉽다는 것을 알게 될 것이다. 그들은 자기성찰 능력이 더 크며 행동과 반성을 번갈아 할 수 있다. 결과적으로 그들은 권력을 남용하고 병적인 행동에 빠져들 가능성이 적다.

진정성 찾기

이 책을 통해서 나는 리더와 추종자 사이의 관계에서 균형에 대한 필요성을 강조해왔다. 불행하게도, 이 균형은 특히 권력의 변동성에 취약하기 때문에 조직 내부의 생활을 자극한다. 또 너무 쉽게 무너진다. 권력의 신중한 사용은 공동의 목표를 만들고 조직생활에 의미를 부여하는 데 결정적이지만, 권력의 이중성 ─건설적으로 또는 파괴적으로 사용될 수 있다는─ 을 인식하지 못하면 현실성을 유지하는 능력에 영향을 미칠 수 있다. 균형감이 상실될 때 조직의 효율성에 초점을 맞추지 못하고 정치적 술수에만 빠져들 수 있다.

권력의 우여곡절 하면 떠오르는, 로마 황제 마르쿠스 아우렐리우스는 그의 유명한 『명상록』에서 이렇게 경고했다. "악의, 교활함, 표리부동은 절대권력에 수반된다."(1964, p.38) 마르쿠스 아우렐리우스의 인생 스토리는 그가 권력의 어두운 면을 견뎌낼 수 있는 인격의 힘을 가졌다는 것을 보여준다. 그는 어딘가 철학자 같은 황제였고 글에서는 그의 인간성이 빛을 발한다. 자신이 실행했던 권력에 대한 그의 반성은 오늘날에도 여전히 유효하다.

> 사람들은 광야에서, 해변에서, 혹은 산에서 은둔을 추구한다. 당신이 너무 소중하게만 간직해왔던 꿈이다. 그러나 그러한 동경은 철학자에게는 의미가 없다. 왜냐하면 당신이 선택만 한다면 어느 순간이라도 자신의 내면으로 물러날 수 있기 때문이다. 인간은 자신의 영혼 속보다 더 조용하고 편안한 도피처를 어디에서도 찾을 수 없다. 무엇보다, 내면에 일정한 자질을 갖춘 사람이, 즉각적인 마음의 편안함을 얻기 위해 필요한 것은 명상뿐이다. 그 편안함은 질서정연한 정신을 표현하는 또 다른 단어다. 그렇다면, 이런 은둔의 도움을 자주 받아서 계속적으로 자신을 새롭게 일신하라.(1964, p.63)

그렇지만 마르쿠스 아우렐리우스 같은 리더는 드물다. 첫눈에는 정서적으로 안정돼 보이는 사람이 권력의 자리에 오르면 좋지 않은 모습으로 변하는 경우를 훨씬 더 자주 볼 수 있다. 권력을 다룰 때는 마법사의 견습생이 되기 쉽다. 일이 걷잡을 수 없게 되는 것은 한순간이다. 역사를 통해 이런 현상이 반복됐음에도 사회철학자들은 이를 무시하는 경우가 많다. 예를 들어, 마르크스나 엥겔스 같은 이상주의자들은 정의로운 사회를 찾는 과정에서 인간의 본성을 놀라울 정도로 순진하게 가정했다. 분명 테크노크라시(과학기술 분야 전문가들이 많은 권력을 행사하는 정치 및 사회 체제-옮긴이)를 주장하는 이상주의자들에게도 똑같은 말을 할 수 있다. 이 인간 공학자들은 자신이 연구하고 이끌려 했던 사람들의 본성을 결코 이해하지 못했다. 인간 동기의 복잡성은 그들에게 생소한 분야였던 것으로 보인다. 리더십의 압박감, 특히 권력의 중독성을 이해하지 못한 것 같다. 권력 남용에 대한 역사적 증거와 인간 본성의 본질을 무시하기로 선택한 사람들은 결국 자신만의 위험을 감수하게 된다. 지난 세기에 우리는 많은 독재자들의 흥망성쇠를 목격했다. 그리고 인류가 그들을 제거하기 위해 고통 속에 치렀던 끔찍한 대가를 너무나 잘 알고 있다.

인간이라는 존재의 심리적 기질을 볼 때, 사회의 주요 목표 중 하나는 권력의 일정한 균형을 유지하는 것이어야 한다. 너무 자주, 창설자의 좋은 의도에도 불구하고, 단일 정당에 의한 정부는 파멸의 씨앗을 시스템 내부에 품고 있다. 종신 대통령 체제는 비참한 결말을 맺기 일쑤다. 예방적 점검과 유지를 목적으로, 한 개인이나 개인의 집단에 의해 권력이 집중되거나 그에 따라 남용되는 것을 피하기 위해 계속적이고 건설적인 불균형, 균형과 평형추가 존재하는 상황을 만들어야 한다.

요컨대 우리는 리더에 관한 또 그들을 견제하기 위해 조직에 구축할 수 있는 일종의 안전장치에 관한 토론에 제한을 둬서는 안 된다. 우리 자신의 삶을 합리적이고 책임감 있는 방식으로 관리할 책임이 있다는 점을 감안하면 우리 모두는 리더다. 인생에서 성공을 정의하는 한 가지 방법은 계속되는 기회를 놓치지 않았다는 만족감을 가지고 과거를 돌아볼 수 있을 때다. 이런 성공은 실망에 대응할 수 있는 자질뿐만 아니라 자신의 내적 정신상태와 외부환경 사이의 창조적인 조화를 필요로 한다. 이를 위해서는 자기반성, 공감, 경청 능력을 키워야 하고 또 보고 이해하는 여러 가지 방법이 있다는 것을 즉각적으로 인정할 수 있어야 한다. 리더가 된다는 것은 또한 코치가 되고, 멘토의 역할을 맡는 것을 의미한다.

리더는 자신의 역할이 일시적이라는 것과 다음 세대에 대한 책임이 자신에게 있다는 사실을 받아들여야 한다. 여기서 도움을 주는 요인은 생식성生殖性(중년기에 나타나는 자손 양성 욕구-옮긴이)이다. 다른 사람을 통해 계속성을 추구하려는 감정인데 이는 대리만족으로 이어진다. 이런 태도는 경험으로부터 배우고 생존할 수 있는 조직을 만들어낼 것이다.

우리는 힘에 의한 리더십이 차츰 설득에 의한 리더십으로 대체되고 있음을 알 수 있다. 점점 더 많은 사람들이 리더십이 아래로만 영향을 미치는 과정이 아니라 위로도 영향력이 전달되는 과정이라는 것을 인식하고 있다. 동기부여가 된 추종자가 없다면 리더가 되기 어렵다. 권위주의적 리더십이 권위 있는 리더십으로 대체되고 있다. 이러한 변혁 과정에서는 자신의 성과를 정직하고 비판적으로 모니터할 수 있는 자기관찰 능력이 필수다. 동기부여와 자기관찰의 이러한 과정은 일정 수준의 기본적인 신뢰와 상호존중을 필요로 한다. 기원전 6세기 초에 중국의 현인 노자는 리더와 추종자 사이에 상호주의가 필요하다는 점을 인식했다. 그는 최고의 리더는 추종자들이 "우리 스스로 이런 일을 했다"고 말하게 할 수 있는 사람이라고 했다. 자기자신을 관리할 수 있는 능력과는 별개로, 다른 사람들이 자신을 관리할 수 있게 돕는 리더가 진정한 리더십을 발휘한다.

실행과 반성을 결합할 수 있는 능력, 권력의 우여곡절을 인식할 수 있는 충분한 자기 지식을 가진, 그리고 권력에 따라붙는 심리적 세이렌이 손짓할 때 끝까지 유혹에 굴복하지 않을 수 있는 리더가 결국 가장 강력할 것이다. 존경과 애정을 가지고 기억되는 인물이 될 것이다. 그들은 또한 권력의 모호성을 진실로 관리할 수 있고 창의적이고 생산적인 삶을 이끌어가는 사람이 될 것이다.

감사의 말

글을 쓰는 것은 고독한 일이지만, 그렇다고 책이 고립의 산물은 결코 아니다. 어떤 면에서 책은 많은 사람들의 작품이다. 오래전 내 선생님이었던 롤랜드 크리스텐슨은 이렇게 말했다. "담장기둥 위에 올라앉은 거북이를 봤다면 거북이 혼자 힘으로 그곳에 올라가지 않았다는 것을 알 수 있다." 많은 사람들이 이 책을 쓸 수 있게 내게 자극을 줬다. 특히 내 환자와 학생들이 가장 큰 힘이 됐다.

이 책의 많은 부분은 원래 《인간관계Human Relations》《경영연구저널Journal of Management Studies》《유럽 경영저널European Management Journal》《조직역학Organizational Dynamics》 등과 같은 잡지들을 위한 기사로 쓰였다. 따라서 많은 편집자와 리뷰어들의 견해도 내 분석의 특정 부분을 정교하게 다듬는 데 도움이 됐다.

또한 인시아드의 도움에 감사드린다. 랜디스 가벨과 애닐 가바의 관리와 앨리슨 제임스의 도움 아래 지원이 이뤄졌다. 연구자료를 찾는 데 그들이 준 도움은 무척 소중했다.

셜리 안 티안싱은 원고를 교정하고 다시 타이핑을 해줬다. 나의 이런저런 요구에도 그녀는 단 한 번도 당황하는 모습을 보여주지 않았다. 그 점에 대해 깊이 감사한다. 라누 카프롱(이 책의 초판본을 쓸 당시의 내 비서)의 도움 또한 절대적이었다. 그녀는 부드럽게 케르베로스

(지옥을 지키는 개-옮긴이)의 역할을 했다. 글을 쓰기 위해 필요한 시간과 공간을 내가 지키도록 해줬다. 그녀가 내 주변에 있었을 때가 그립다.

무엇보다도, 글을 쓸 당시에 내 연구를 보조해준 샐리 시몬스에게 감사의 인사를 전하고 싶다. 그녀의 역할은 단순히 도움을 줬다는 표현으로는 부족하다. 책을 써본 사람들은 알겠지만 새로운 내용을 쓴다는 흥분은 일정 시점이 되면 자꾸 고쳐 써야 하는 지루함으로 바뀐다. 그녀는 내가 자꾸 미루는 원고 수정을 떠맡아준 영웅이었다. 이 책을 다시 쓰고 편집하는 과정은 그녀의 도움이 없었다면 어려웠을 것이다.

『잃어버린 시간을 찾아서』에서 마르셀 프루스트는 다음과 같이 말했다. “우리가 알고 있는 모든 위대한 것들은 신경증 환자들에게서 왔다. 그들만이 종교를 설립하고 위대한 예술작품을 창조했다. 세상은 그들에게 빚진 것이 무엇인지, 무엇보다도 그들이 재능을 선사하기 위해 겪었던 고통을 결코 알 수 없을 것이다.” 나는 프루스트의 말에 일리가 있다고 생각한다. 건강, 질병, 그리고 창의성을 구분하는 경계가 희미한 경우가 종종 있다. 이 책에 나오는 많은 사람들도, 어떤 문제를 겪긴 하지만, 위대한 교육자들이다. 자신들이 행동했던 방식으로 내게 많은 통찰을 제공했다. 내가 정신분석가 과정을 밟을 때 내 선생들 중 한 명은, 오직 두 종류의 사람들에게서만 진정한 배움을 얻을 수 있다고 말했다. 아이들과, 그의 낭만적 표현에 따르면, “미치광이들”이다. 그들을 제외한 나머지 사람들과 비교하면 이 두 그룹은 자신의 생각을 훨씬 강하게 표현하는 경향이 있다. 그래서 인간 본성에 대한 더 나은 이해를 할 수 있게 해준다. 나는 문제적 리더와 리더십에 관한 이 책을 읽은 독자들이 어떤 깨달음을 얻어 이를 잘 활용할 수 있기를 바란다.

파리, 프랑스

맨프레드 F. R. 케츠 드 브리스

2003년 5월

참고도서

Aarons, Z. A. "A Study of a Perversion and an Attendant Character Disorder." Psychoanalytic Quarterly, 1959, 28(4), 481-492.

Abagnale, F. W. and Redding, S. Catch Me if You Can: The Amazing True Story of the Youngest and Most Daring Con Man in the History of Fun and Profit. New York: First Broadway, 2000.

Abraham, K. "The History of an Impostor in the Light of Psychoanalytical Knowledge." In Clinical Papers on Psychoanalysis. New York: Brunner/Mazel, 1955. (Originally published 1925.)

Achebe, C. Ant Hills of the Savanna. London: Heinemann, 1987.

Aeschylus. The Persians. (Philip Vellacott, trans.) Harmondsworth, England: Penguin, 1971.

Ahrens, S., and Deffner, G. "Empirical Study of Alexithymia: Methodology and Results." American Journal of Psychiatry, 1986, 40(3), 430-477.

"Alan Sugar's Professional Foul." Independent on Sunday (London), May 24, 1992, p.20.

Andreas-Salome, L. Lebensrueckblick (memoirs). (E. Pfeiffer, ed.) Wiesbaden, Germany: Insel, 1951.

Atchley, R. C. The Social Forces in Later Life. Belmont, Calif.: Wadsworth, 1972.

Aurelius, Marcus. Meditations. (M. Staniforth, trans.) New York: Viking Penguin, 1964.

Bass, B. M. Stogdill's Handbook of Leadership. New York: Free Press, 1981.

Bass, B. M. Leadership and Performance beyond Expectations. New York: Free Press, 1985.

Bateson, G. "The Role of Humor in Human Communication." In H. Von

Foerster (ed.), Cybernetics. New York: Macey Foundation, 1953.
Bennett, N. "Amstrad to Lend Sugar £50m. to Take Firm Private." (London) Times, Nov. 6, 1992, p.27.
Bennis, W., and Nanus, B. Leaders. New York: Free Press, 1985.
Bergler, E. "A Clinical Contribution to the Psychogenesis of Humor." Psychoanalytic Review, 1937, 24, 34-53.
Bergman, I. The Magic Lantern. London: Hamish Hamilton, 1988.
Bergson, H. Laughter: An Essay on the Meaning of the Comic. (C. Bereton and F. Rothwell, trans.) New York: Macmillan, 1928.
Berlyne, D. E. "Laughter, Humor, and Play." In G. Lindzey and E. Aronson (eds.), Handbook of Social Psychology. Vol. 3. Reading, Mass.: Addison-Wesley, 1964.
Bettelheim, B. The Informed Heart. London: Penguin, 1986.
Bion, W. R. Experiences in Groups. London: Tavistock, 1961.
Blanchard, E. B., Arena, J. G., and Pallmeyer, T. P. "Psychosomatic Properties of a Scale to Measure Alexithymia." Psychotherapy & Psychosomatics, 1981, 35, 64-71.
Blum, H. P. "The Psychoanalytic Process and Analytic Inference: A Clinical Study of a Lie and Loss." International Journal of Psychoanalysis, 1983, 64, 17-33.
Bowditch, G. "High Street Midas Who Lost His Golden Touch." (London) Times, Jan. 7, 1992, p.23.
Bower, T. Maxwell: The Outsider. London:Mandarin Press, 1991.
Brautigan, B., and Von Rad, M. Toward a Theory of Psychosomatic Disorders. Basel: Karger, 1977.
Brooks, G., and Horwitz, T. "As a Gulf War Looms, Saddam's Behavior Grows More Puzzling." Wall Street Journal, Jan. 16, 1991, pp.1-2.
Bullock, A. Hitler: A Study in Tyranny. London: Penguin, 1962.
Bunzel, R. L. "Zuni Katcinas." Bureau of American Ethnology Annual Report, 47, 1929-1930. Washington, D.C.: Bureau of American Ethnology, 1932.
Burlingham, D. Twins. Madison, Conn.: International Universities Press, 1952.

Burns, J. M. Leadership. New York: HarperCollins, 1978.
Butler, R. N. "Psychiatry and the Psychology of the Middle Aged." In H. I. Kaplan and B. J. Sadock (eds.), Comprehensive Textbook of Psychiatry/IV. (4th ed.) Baltimore, Md.: Williams & Wilkins, 1985.

Camus, A. La Chute. (The Fall.) Paris: Gallimar, 1956.
Carlson, D. A. "Dream Mirrors." Psychoanalytic Quarterly, 1977, 46(1), 38-70.
Charles, L. H. "The Clown's Function." Journal of American Folklore, 1945, 58, 25-34.
Clance, P. R. The Impostor Phenomenon. New York: Peachtree, 1985.
Clance, P. R., and Imes, S. A. "The Impostor Phenomenon in High-Achieving Women: Dynamics and Therapeutic Intervention." Psychotherapy: Theory, Research and Practice, 1978, 15(3), 241-247.
Cocteau, J. Orphée. London: Blackwell, 1976. (Originally published 1926.)
Cohen, R. "Robert Maxwell's Last, Isolated Days." International Herald Tribune, Dec. 21-22, 1991, pp.11, 13.
Collins, J. Good to Great. New York: HarperBusiness, 2001.
Cooper, D. Closer. New York: Grove-Weidenfeld, 1989.
Coughlin, C. Saddam: The Secret Life. London: MacMillan, 2002. 118 / Leaders, fools and impostors
Crichton, R. The Great Impostor. New York: Random House, 1959.

Darwish, A., and Alexander, G. Unholy Babylon. London:Victor Gollancz, 1991.
"Days of Reckoning." Independent (London), Feb. 10, 1992, p.20.
Deutsch, H. "The Impostor: Contribution to Ego Psychology of a Type of Psychopath." In Neuroses and Character Types. Madison, Conn.: International Universities Press, 1965a. (Originally published 1955.)
Deutsch, H. Neuroses and Character Types. Madison, Conn.: International Universities Press, 1965b.

Dowling, C. The Cinderella Complex. New York: Summit Books, 1981.
Duncan, W. J. "Humor in Management: Prospects for Administrative Practice and Research." Academy of Management Review, 1982, 1(1), 136-142.

Eisnitz, A. J. "Mirror Dreams." Journal of the American Psychoanalytic Association, 1961, 9, 461-479.
Elkisch, P. "The Psychological Significance of the Mirror." Journal of the American Psychoanalytic Association, 1957, 5, 235-244.
Erasmus. In Praise of Folly. (B. Radice, trans.; A.H.T. Levine, ed.) Harmondsworth, England: Penguin, 1971. (Originally published 1509.)
Erikson, E. H. Childhood and Society. New York: W. W. Norton, 1963.
Erikson, E. H. "Identity and the Life Cycle." Psychological Issues, 1959, 1 (entire issue).

Fain, M., and Kreisher, L. "Discussion sur le genese des fonctions représentatives." Revue Française de Psychanalyse, 1970, 34, 285-306.
Feigelson, C. "The Mirror Dream." Psychoanalytic Study of the Child, 1975, 30, 341-355.
Fenichel, O. The Psychoanalytic Theory of Neurosis. New York: W. W. Norton, 1945.
Fenichel, O. The Collected Papers of Otto Fenichel. (2nd ser.) Madison, Conn.: International Universities Press, 1954.
Fine, R. "Psychoanalysis as a Philosophical System: The Basis for Integrating the Social Sciences." Journal of Psychohistory, 1977, 5(1), 1-65.
Frazer, J. G. The Golden Bough. New York: Macmillan, 1947.
Freiberger, H. "Supportive Psychotherapeutic Techniques in Primary and Secondary Alexithymia." Psychotherapy & Psychosomatics, 1977, 20, 337-342.
Freud, A. The Ego and the Mechanisms of Defense. (Rev. ed.) Madison, Conn.: International Universities Press, 1966.

Freud, S. "A Case of Hysteria." In J. Strachey (trans. and ed.), The Standard Edition of the Complete Psychological Works of Sigmund Freud. Vol. 7. London: Hogarth Press and Institute of Psychoanalysis, 1953a. (Originally published 1905.)

Freud, S. "Fragment of an Analysis of a Case of Hysteria." In J. Strachey (trans. and ed.), The Standard Edition of the Complete Psychological Works of Sigmund Freud. Vol. 7. London: Hogarth Press and Institute of Psychoanalysis, 1953b. (Originally published 1905.)

Freud, S. "Group Psychology and the Analysis of the Ego." In J. Strachey (trans. and ed.), The Standard Edition of the Complete Psychological Works of Sigmund Freud. Vol. 18. London: Hogarth Press and Institute of Psychoanalysis, 1953c. (Originally published 1921.)

Freud, S. "Humor." In J. Strachey (trans. and ed.), The Standard Edition of the Complete Psychological Works of Sigmund Freud. Vol. 21. London: Hogarth Press and Institute of Psychoanalysis, 1953d. (Originally published 1927.)

Freud, S. "Some Character-Types Met With in Psycho-Analytic Work." In J. Strachey (trans. and ed.), The Standard Edition of the Complete Psychological Works of Sigmund Freud. Vol. 14. London: Hogarth Press and Institute of Psychoanalysis, 1953e. (Originally published 1916.)

Freud, S. "Three Essays on the Theory of Sexuality." In J. Strachey (trans. and ed.), The Standard Edition of the Complete Psychological Works of Sigmund Freud. Vol. 7. London: Hogarth Press and Institute of Psychoanalysis, 1953f. (Originally published 1905.)

Freud, S. "'Wild' Psycho-Analysis." In J. Strachey (trans. and ed.), The Standard Edition of the Complete Psychological Works of Sigmund Freud. Vol. 11. London: Hogarth Press and Institute of Psychoanalysis, 1953g. (Originally published 1910.)

Freud, S. "Analysis of a Phobia in a Five-Year-Old Boy." In J. Strachey (trans. and ed.), The Standard Edition of the Complete Psychological Works of Sigmund

Freud. Vol. 10. London: Hogarth Press and Institute of Psychoanalysis, 1955. (Originally published 1909.)

Freud, S. "Civilization and Its Discontents." In J. Strachey (trans. and ed.), The Standard Edition of the Complete Psychological Works of Sigmund Freud. Vol. 21. London: Hogarth Press and Institute of Psychoanalysis, 1961. (Originally published 1929.)

"From Rags to Riches to Penitentiary." International Herald Tribune, July 20, 1989, p.12.

Fromm, E. Man for Himself: An Inquiry into the Psychiatry of Ethics. New York: Fawcett, 1947.

Gardos, G., and others. "Alexithymia: Toward Validation and Measurement." Comprehensive Psychiatry, 1984, 25(3), 278-282.

Gediman, H. K. "Imposture, Inauthenticity and Feeling Fraudulent." Journal of the American Psychoanalytic Association, 1985, 33(4), 911-935.

Geertz, C. The Interpretation of Culture. New York: Basic Books, 1973.

Geertz, C. Local Knowledge. New York: Basic Books, 1983.

Gillie, O. "Caught Up in Father's Web." Independent (London), Dec. 16, 1991, p.17.

Giscard D'Estaing,V. Economist, June 8, 1991, p.110. 인용

Giscard D'Estaing, V. Le pouvoir et la vie. Vol. 11: L'affrontement. Paris: Compagnie 12, 1991.

Goffman, E. Interaction Ritual. New York: Doubleday, Anchor Books, 1967.

Goffman, E. Relations in Public. New York: HarperCollins, Colophon Books, 1971.

Gould, R. L. Transformations. New York: Simon & Schuster, 1978.

Graff, H. F. "When the Term's Up, It's Better to Go Gracefully." International Herald Tribune, Jan. 26, 1988, p.5.

Greenacre, P. "The Impostor." In Emotional Growth. Vol. 1. Madison, Conn.:

International Universities Press, 1971a. (Originally published 1958.)
Greenacre, P. "The Relation of the Impostor to the Artist." In Emotional Growth. Vol. 2. Madison, Conn.: International Universities Press, 1971b. (Originally published 1958.)

Hanfstängl, E. The Missing Years. London: Eyre and Spottiswoode, 1957.
Harrington, A. Life in a Crystal Palace. New York: Knopf, 1958.
Harvey-Jones, J. Making It Happen. London: Collins, 1988.
Hasek, J. The Good Soldier Svejk. (Cecil Parrott, trans.) New York: Crowell, 1972.
Havel, V. Power of the Powerless. (J. Keane, ed.) Armonk, N.Y.: M. E. Sharpe, 1990.
Hochschild, A. R. The Managed Heart. Berkeley: University of California Press, 1983.
Hodgson, R., Levinson, D. J., and Zaleznik, A. The Executive Role Constellation. Boston: Division of Research, Harvard Business School, 1965.

Ibsen, H. An Enemy of the People. (R. F. Sharp, trans.) Oxford, England: Oxford University Press, 1988. (Originally published 1882.)

Janis, I. L., and Mann, L. Decision Making. New York: Free Press, 1977.
Jaques, E. "Death and the Mid-Life Crises." International Journal of Psychoanalysis, 1965, 46, 502-514.
Jung, C. G. "On the Psychology of the Trickster-Figure." In The Collected Works of C. G. Jung. Vol. 9, pt. 1. Princeton, N.J.: Princeton University Press, 1969. (Originally published 1959.)

Kaplan, L. J. "The Concept of the Family Romance." Psychoanalytic Review, 1974, 61(2), 169-202.

Karsh, E., and Rautsi, T. Saddam Hussein: A Political Biography. New York: Free Press, 1991.

Kearns, D. Lyndon Johnson and the American Dream. New York: HarperCollins, 1976.

Kernberg, O. Borderline Conditions and Pathological Narcissism. New York: Aronson, 1975.

Kets de Vries, M. F. R. "Ecological Stress: A Deadly Reminder." Psychoanalytic Review, 1980a, 67(3), 389-408.

Kets de Vries, M. F. R. Organizational Paradoxes: Clinical Approaches to Management. London: Tavistock, 1980b.

Kets de Vries, M. F. R. Prisoners of Leadership.New York:Wiley, 1989.

Kets de Vries, M. F. R. The Leadership Mystique. London: Financial Times/ Prentice Hall, 2001a.

Kets de Vries, M. F. R. Struggling with the Demon.Madison, Conn: Psychosocial Press, 2001b.

Kets de Vries, M. F. R., and Miller, D. The Neurotic Organization: Diagnosing and Changing Counterproductive Styles of Management. San Francisco: Jossey-Bass, 1984.

Kets de Vries, M. F. R., and Miller, D. "Narcissism and Leadership: An Object Relations Perspective." Human Relations, 1985, 38(6), 583-601.

Kets de Vries, M. F. R., and Miller, D. "Personality, Culture and Organization." Academy of Management Review, 1986, 1(2), 266-279.

Kets de Vries, M. F. R., and Miller, D. "Interpreting Organizational Texts." Journal of Management Studies, 1987, 24(3), 233-247.

Kets de Vries, M. F. R., and Miller, D. Unstable at the Top: Inside the Neurotic Organization. New York: New American Library, 1988.

Kimmel, D. C. Adulthood and Aging. New York: Wiley, 1974.

Klapp, O. E. Heroes, Villains, and Fools. San Diego, Calif.: Aegis, 1972.

Kohut, H. The Analysis of the Self. Madison, Conn.: International Universities

Press, 1971.
Kohut, H. Self Psychology and the Humanities. New York: W. W. Norton, 1985.
Kotter, J. P. The General Managers. New York: Free Press, 1982.
Kris, E. "Ego Development and the Comic." International Journal of Psychoanalysis, 1938, 19, 77-90.
Kris, E. "The Personal Myth: A Problem in Psychoanalytic Technique." In Selected Papers of Ernst Kris. New Haven, Conn.: Yale University Press, 1975.
Krystal, H. "Alexithymia and Psychotherapy." American Journal of Psychotherapy, 1979, 33, 17-31.
Krystal, H. "Alexithymia and the Effectiveness of Psychoanalytic Treatment." International Journal of Psychoanalytic Psychotherapy, 1982, 9, 353-378.
Krystal, H. Massive Psychic Trauma. Madison, Conn.: International Universities Press, 1986.
Krystal, J. H., Giller, E. L., and Cicchetti, D. V. "Assessment of Alexithymia in Post-traumatic Stress Disorder and Somatic Illness: Introduction of a Reliable Measure." Psychosomatic Medicine, 1986, 48(1/2), 84-94.

Lacan, J. "Le stade du miroir comme formateur de la fonction du Je, telle qu'elle nous est révélée dans l'expérience psychoanalytique." Revue Française de Psychanalyse, 1949, 13, 449-455.
Lacan, J. Ecrits. (A. Sheridan, trans.) London: Tavistock, 1977.
Langer, S. K. Feeling and Form. London: Routledge & Kegan Paul, 1953.
Lapierre, L."Mourning, Potency, and Power in Management." Human Resource Management, Summer 1989, 28(2), 177-189.
Lasch, C. The Culture of Narcissism. New York: W. W. Norton, 1978.
Leavitt, H. J. Corporate Pathfinders. Homewood, Ill.: Dow Jones-Irwin, 1986.
Lehmann, H. E. "Unusual Psychiatric Disorders and Atypical Psychoses." In A. M. Freedman, H. I. Kaplan, and B. J. Sadock (eds.), Comprehensive Textbook of Psychiatry. (2nd ed.) Vol. 2. Baltimore, Md.: Williams & Wilkins, 1975.

Leonard, C. "Street Fighter with a Nose for Survival." Times (London), Feb. 15, 1992, p.21.

Lesser, I. M., and Lesser, B. Z. "Alexithymia: Examining the Development of a Psychological Concept." American Journal of Psychiatry, 1983, 140(10), 1305-1308.

Lever, M. Le sceptre et la marotte. Paris: Fayard, 1983.

Levine, J. "Regression in Primitive Clowning." Psychoanalytic Quarterly, 1961, 30, 72-83.

Levinson, D. J. The Seasons of a Man's Life. New York: Knopf, 1978.

Levinson, H. Emotional Health in the World of Work. New York: HarperCollins, 1964.

Levinson, H. Organizational Assessment. Washington, DC: American Psychological Association, 2002.

Lewis, S. Babbitt. New York: Harcourt Brace Jovanovich, 1922.

Lowenthal, M., Thurnher, M., and Chiriboga, D. Four Stages of Life. San Francisco: Jossey-Bass, 1975.

McClelland, D. C. The Achieving Society. New York:Van Nostrand Reinhold, 1961.

Maccoby, M. The Gamesman. New York: Simon & Schuster, 1976.

McDougall, J. "The Psychosoma and the Psychoanalytic Process." International Review of Psychoanalysis, 1974, 1, 437-459.

McDougall, J. Plea for a Measure of Abnormality. Madison, Conn.: International Universities Press, 1978.

McDougall, J. "The Anti-analysant in Analysis." In S. Lebovici and D. Widlocher (eds.), Psychoanalysis in France. Madison, Conn.: International Universities Press, 1980a.

McDougall, J. "A Child Is Being Eaten." Contemporary Psychoanalysis, 1980b, 16, 417-459.

McDougall, J. "Alexithymia: A Psychoanalytic Viewpoint." Psychotherapy & Psychosomatics, 1982a, 38, 81-90.

McDougall, J. "Alexithymia, Psychosomatics, and Psychosis." International Journal of Psychoanalytic Psychotherapy, 1982b, 9, 379-388.

McDougall, J. "The Dis-affected Patient: Reflections on Affect Pathology." Psychoanalytic Quarterly, 1984, 53, 386-409.

McDougall, J. Theaters of the Body. New York: W. W. Norton, 1989.

Mahler, M. S. "On Human Symbiosis and the Vicissitudes of Individuation." Journal of the American Psychoanalytic Association, 1967, 15, 740-763.

Mahler, M. S., Pine, F., and Bergman, A. The Psychological Birth of the Human Infant. New York: Basic Books, 1975.

Makarius, L. "Le mythe du "Trickster."" Revue de l'histoire des religions, 1969, 175, 17-46.

Makarius, L. "Clowns rituels et comportements symboliques." Diogenes, 1970, 69, 47-74.

Makarius, L. "The Crime of Manabozo." American Anthropologist, 1973, 75, 663-675.

Malone, P. "Humor: A Double-Edged Tool for Today's Managers." Academy of Management Review, 1980, 5(3), 357-360.

Martin, J. B., Phil, R. O., and Dobkin, P. "Schalling-Sifneos Personality Scale: Findings and Recommendations." Psychotherapy & Psychosomatics, 1984, 41, 145-152.

Matar, F. Saddam Hussein: The Man, the Cause and the Future. London: Third World Center for Research and Publishing, 1981.

Melville, H. The Confidence Man. New York: New American Library, 1964. (Originally published 1854.)

Miller, N. G. The Great Salad Oil Swindle. Baltimore,Md.: Penguin, 1965.

Millon, T. Disorders of Personality: DSM IV and Beyond. New York: John Wiley, 1996.

Muir, K. (ed.). King Lear. London: Methuen, 1952.

Myers, W. A. "Imaginary Companions, Fantasy Twins, Mirror Dreams and Depersonalization." Psychoanalytic Quarterly, 1976, 45(4), 503-524.

Neill, J. R., and Sandifer, M. G. "The Clinical Approach to Alexithymia: A Review." Psychosomatics, 1982, 23, 1223-1231.

Nemiah, J. C. "Alexithymia: Theoretical Considerations." Psychotherapy & Psychosomatics, 1977, 28, 199-206.

Nemiah, J. C. "Alexithymia and Psychosomatic Illness." Journal of Continuing Education in Psychiatry, 1978, 39, 25-27.

Nemiah, J. C., and Sifneos, P. E. "Affect and Fantasy in Patients with Psychosomatic Disorders." In O. Hill (ed.), Modern Trends in Psychosomatic Medicine. London: Butterworths, 1970.

Neugarten, B. L. Personality in Middle and Later Life. New York: Atherton, 1964.

Neugarten, B. L. (ed.). Middle Age and Aging: A Reader in Social Psychology. Chicago: University of Chicago Press, 1968.

Neustadt, R. E. Presidential Power. New York:Wiley, 1960.

Olinick, S. L. "Book Review of The Family Romance of the Imposter-Poet Thomas Chatterton by Louis G. Kaplan." Psychoanalytic Quarterly, 1988, 58(4), 672-676.

Paolino, T. J. Psychoanalytic Psychotherapy: Theory, Technique, Therapeutic Relationships and Treatability. New York: Brunner/Mazel, 1981.

Pfeffer, J. The Human Equation: Building Profits by Putting People First. Boston, MA: Harvard Business School Press, 1998.

Pollio, H. R., and Edgerly, J. W. "Comedians and Comic Style." In A. J. Chapman and H. C. Frost (eds.), Humor and Laughter: Theory, Research and Applications. London: Wiley, 1976.

Proust, M. Guermantes Way. (C. K. Scott-Montcrieff, trans.) 1925. (Originally published 1920-1921.)

Racker, H. Transference and Counter Transference. Madison, Conn.: International Universities Press, 1968.
Radcliffe-Brown, A. R. Structure and Function in Primitive Society. London: Cohen and West, 1952.
Radin, P. Trickster: A Study in American Indian Mythology. Westport, Conn.: Greenwood, 1969. (Originally published 1956.)
Rayski, B. "Saddam Hussein." Globe, Mar. 1991, pp.12-23.
Reik, T. Masochism in Modern Man. New York: Farrer & Rinehart, 1941.
Roheim, G. Spiegelzauber. Vienna: International Psychoanalytic Verlag, 1919.
Rosovsky, H. The University: An Owner's Manual. New York:W.W.Norton, 1990.
Ross, J. M., and others. Father and Child. Boston: Little, Brown, 1982.
Roy, D. F. "Banana Time: Job Satisfaction and Informal Interaction." Human Organization, 1960, 18, 158-168.

Schafer, R. "The Pursuit of Failure and the Idealization of Unhappiness." American Psychologist, 1984, 39(4), 398-405.
Scott, C. "Who Is Afraid of Wilfred Bion?" Unpublished paper, Canadian Psychoanalytic Society, 1980.
Shakespeare,W. Richard III. In W. G. Clark and W. A.Wright (eds.), The Complete Works ofWilliam Shakespeare. Vol. 1.New York: Doubleday, 1988.
Shaw, G. B. Candida. Chicago: Nelson-Hall, 1973. (Originally published 1893.)
Sheehy, G. New Passages. New York: Ballantine Books, 1995.
Shengold, L. "The Metaphor of the Mirror." Journal of the American Psychoanalytic Association, 1974, 22(1), 97-115.
Shipko, S., Alvarez, W. A., and Norrello, N. "Towards a Teleological Model of Alexithymia: Alexithymia and Post-traumatic Stress Disorder." Psychotherapy

and Psychosomatics, 1983, 39, 122-126.

Sonnenfeld, J. "Heroes in Collision: Chief Executive Retirement and the Parade of Future Leaders." Human Resource Management, Summer 1986, 25(2), 305-333.

Sonnenfeld, J. The Hero's Farewell. New York: Oxford University Press, 1988.

Speer, A. Inside the Third Reich. New York: Avon, 1970.

Speer, A. Spandau: The Secret Diaries. New York: Macmillan, 1976.

Spence, D. Narrative Truth and Historical Truth. New York: W. W. Norton, 1982.

Steward, J. H. "The Ceremonial Buffoon of the American Indian." In Papers of the Michigan Academy of Science, Arts, and Letters. Vol. 14. Ann Arbor: University of Michigan, 1931.

Sundqvist, S.-I. Refaat & Fermenta: Dramat och Aktörerna. Stockholm: Författarfölaget, 1987.

Swain, B. Fools and Folly during the Middle Ages and the Renaissance. New York: Columbia University Press, 1932.

Swanson, D. A. "The Münchhausen Syndrome." American Journal of Psychotherapy, 1981, 35(3), 436-444.

Tapie, B. Gagner. (Winning.) Paris: Robert Laffont, 1986.

Taylor, G. J. "Alexithymia and the Counter-transference." Psychotherapy & Psychosomatics, 1977, 28, 141-147.

Taylor, G. J. "Alexithymia: Concept, Measurement, and Implications for Treatment." American Journal of Psychiatry, 1984, 141(6), 725-732.

Thompson, P., and Delano,A.Maxwell: A Portrait of Power. London: Corgi, 1988.

Tichy, N. M., and Devanna, M. A. The Transformational Leader. New York: Wiley, 1986.

Vaillant, G. E. Adaptation to Life. Boston: Little, Brown, 1977.

Van Rad, M. Alexithymic, Empirische Untersuchen zur Diagnostik und Therapie Psychomatische Kranker. Berlin: Springer Verlag, 1983.
Von Rad, M. "Alexithymia and Symptom Formation." Psychotherapy & Psychosomatics, 1984, 42, 80-89.

Waller, M. "Ratner Quits the Family Firm: Chief Executive Pays Price for Attracting Bad Publicity." Times (London), Nov. 26, 1992, p.21.
Weber, M. The Theory of Social and Economic Organization. (A. M. Henderson and T. Parsons, trans.) New York: Oxford University Press, 1947.
Weinshel, E. M. "Some Observations on Not Telling the Truth." Journal of the American Psychoanalytic Association, 1979, 27(3), 503-532.
Wells, K., Bray, N., and Reilly, P.M. "Maxwell Empire's Assets Go On Sale with Hopes of Covering Huge Debt." Wall Street Journal, Dec. 6, 1991, p.3.
Welsford, E. The Fool. London: Faber and Faber, 1935.
Willeford, W. The Fool and His Scepter. Chicago: Northwestern University Press, 1969.
Whyte, W. H. The Organization Man. New York: Simon & Schuster, 1956.
Wilde, O. The Picture of Dorian Gray. New York: Random House, 1992. (Originally published 1890.)
Winnicott, D. W. Playing and Reality. New York: Basic Books, 1971.
Winnicott, D. W. Through Paediatrics to Psychoanalysis. New York: Basic Books, 1975.
Wittebort, S. "Behind the Great Swedish Scandal." Institutional Investor, Aug. 1987, pp.93-104.

Zaleznik, A. The Managerial Mystique. New York: HarperCollins, 1989.

옮긴이 윤동준

경희대에서 무역학을 전공했으며 국민대 비즈니스 IT 전문대학원에서 경영학 석사학위를 취득했다. 해운회사 해외영업과 마케팅 업무를 하다가 일간지 기자로 활동했다. 평소 책 읽기를 즐겨해 책과 관련된 일을 늘 곁눈질하곤 했다. 지금은 좋은 책을 발굴해 소개하고 우리말로 옮기는 일에 관심을 갖고 전문번역가로 활동 중이다. 옮긴 책으로 《나는 4시간만 일한다》《나는 오늘부터 화를 끊기로 했다》《디지털콘텐츠는 처음입니다만》《수익 먼저 생각하라》《나는 왜 말하는 게 힘들까》 등이 있다.

리더의 마음
: 이해받지 못한 자들의 마음을 읽다

1판 1쇄 찍음 2019년 7월 24일
1판 1쇄 펴냄 2019년 7월 31일

지은이 맨프레드 케츠 드 브리스
옮긴이 윤동준
펴낸이 조윤규
편집 민기범
디자인 홍민지

펴낸곳 생각의서재
등록 2017년 1월 6일 제2017-000050
주소 (07788) 서울특별시 강서구 마곡중앙로 161-17 보타닉파크타워1 612호
전화 영업부 02-3661-7283 / 기획편집부 02-3661-7284 | 팩스 02-3661-7285
이메일 houseofthinking@naver.com

ISBN 979-11-89649-09-8 03320

이 도서의 국립중앙도서관 출판예정도서목록(CIP)은 서지정보유통지원시스템 홈페이지(http://seoji.nl.go.kr)와 국가자료공동목록시스템(http://www.nl.go.kr/kolisnet)에서 이용하실 수 있습니다. (CIP제어번호 : CIP2019027144)